愛因斯坦傳

Albert Einstein

想像力比
知識更重要

成長—從落魄家教到諾貝爾獎得主
情感—從青春至愛到離婚官司
人際—喜愛孤獨，卻終生不乏摯友

人類科學歷史上的第一天才

相對論的發現，改變了世界對空間和時間的理解

把你的手放在熱爐子上一分鐘，感覺像一小時；坐在一個漂亮女孩旁邊一小時，感覺像一分鐘，**這就是相對論**。

楊建鄴

目錄
CONTENTS

第一章

兒童和少年時期

Albert Einstein

愛因斯坦於一八七九年三月十四日上午十一點半誕生，被取名為阿爾伯特。他的父親赫曼經營床用鵝毛的生意。一家子屬於猶太人中的小康之家，生活無憂無慮，但也沒有很多的錢。在愛因斯坦出生前大約十年，赫曼離開故土布騷，遷到了烏爾姆。赫曼曾經在符騰堡州的省會斯圖加特念職業高中，按他的聰明和智慧（據說他有卓越的數學才能），他應該在大學進一步深造，但是由於經濟條件的限制，他沒有機會上大學，而比他小三歲的弟弟，總算幸運地在斯圖加特一所工學院接受完高等教育，後來成為一名工程師，並且對阿爾伯特．愛因斯坦的成長產生重要的作用。

雖說赫曼沒有機會受完高等教育，但在當時，高中程度的教育已經可以保證他有足夠的知識資本進入上層社會；而且，他的聰慧和好學也使得小愛因斯坦在上小學之前就獲得了好的家庭教育和知識的薰陶。

▲ 愛因斯坦的父親赫曼

愛因斯坦的母親保莉妮是一位安靜、謙和、賢淑的婦女，由於良好的教育，她還具有藝術家的氣質和很高的幽默感。在忙完了家務之後，她最熱衷的事就是彈鋼琴，德國古典音樂尤其是貝多芬的鋼琴奏鳴曲，給她帶來精神上至高的享受。每當朋友、同事到他們家來拜訪時，她也總是願意為大家彈奏她喜歡的曲子。

一八七六年，赫曼和保莉妮在烏爾姆結婚後，先是住在烏爾姆老城的明斯特廣場，一八七九年初當保莉妮懷孕半年時，他們搬到了火車站街二十號一幢四層樓的公寓裡。在第二次世界大戰期間，這棟公寓在一九四四年被炸毀，成為廢墟。愛因斯坦就誕生在這棟公寓裡。

當祖母抱起這個家庭的新成員時，她最先的反應就是大聲說：「太重了！太重了！」愛因斯坦一生下來，後腦就異常大，而且還有突出的棱角，讓人看了覺得驚訝。想必這些讓人驚訝的反應，讓剛做母親的保莉妮有點擔心；而後來愛因斯坦比一般孩子晚很久才會談話，更讓母親有一份隱隱的憂慮，惟恐孩子將來智力遲鈍。幸好這種憂慮在他三歲以後就被證明是沒有根據的。到晚年，愛因斯坦還對別人說：

因為我很遲才學會說話，我的雙親的確為此一度十分擔心，甚至還找醫生諮詢過。那時我有多大我也不記得，至少有三歲了吧。

▲ 愛因斯坦的母親保莉妮

愛因斯坦說話比較晚，據愛因斯坦本人晚年回憶，是由於他在二歲到三歲剛學著談話時，他就有了要說就說一整句話的雄心。由此，他常常是先輕聲自語地說出一整句話，直到確信說得不錯時他才大聲說出來，但在別人看來他似乎囁囁嚅嚅說不出話來一樣。一直到八歲或九歲時，他才徹底改了這個習慣。她的妹妹瑪雅說，她的哥哥從小就有一種追求完美的習慣，而且不達目的不肯甘休，這也許使得他的語言表達方式與其他孩子不大相同。

愛因斯坦從小就習慣孤獨，喜歡一個人獨自玩耍，尤其喜歡沉浸到各種各樣的「謎」中，幾乎從來不加入其他孩子的遊戲。因此，他幼年時的女教師覺得很難幫助他，甚至給小愛因斯坦取了個外號「煩人精」。他一個人玩的時候，很有耐心，常常能用積木搭出令人驚訝的高樓。

在七歲以前，看起來性格安靜的小愛因斯坦，有時也會因為不合心意而大發脾氣，臉色氣得蒼白，那副不能控制自己的模樣也著實讓人覺得可怕。他曾經向他的女教師扔椅子，把她嚇得再也不願意教他；他還多次向他妹妹頭上扔東西，有一次甚至把玩具扔到她的頭上，還打了一個小傷口。據說，這種毛病是從外祖父尤利烏斯那裡繼承來的。

幸虧這種可怕的性格沒有延續下去，到他七歲上小學以後，這種毛病就徹底地被改掉了，或者說消失了。

如果我們想從幼年愛因斯坦身上，看到某些使他今後成為科學巨匠的因素的話，有兩點也許是有價值的。

一是愛因斯坦從小就喜歡根據自己的愛好來自

▲ 已知愛因斯坦最早的照片

學。他最厭惡的就是被強迫去學習，從來就不願意像機械人一樣任人驅使、駕馭。他曾就他學習小提琴的事說過下面一段話：

> 我從六歲起一直到十四歲都在學拉小提琴，但那時候，那些認為音樂只不過是機械練習的教師，沒辦法引起我的興趣。到了十三歲那一年，當我愛上了莫札特的奏鳴曲之後，我才算是真正開始學習音樂。……我相信，愛好比起責任感來是更好的教師——至少對我來說是這樣的。

以後他上小學、中學和大學時，我們還會一再看到愛因斯坦的這一明顯的特徵。他喜歡的課程，他可以獨自去學習和鑽研它，以至於大大超過學校的要求；如果是那種讓他厭惡的靠背誦才能取得好成績的課程，他就會心不在焉地應付一下，因而也不會得到好成績。這就難怪他的希臘語教師曾經對他說：「你以後絕不會有什麼成就。」到了大學，由於比較自由隨意，他很少去上課了：喜歡的課，他的水準大大超過老師講授的內容，用不著去聽；而不喜歡的課，只要能不去就根本不去聽。

由於這種學習態度，愛因斯坦從小就養成了很好的自學習慣。他曾經說：「在數學與物理學方

▲ 愛因斯坦誕生的公寓

面，我經由自學，所掌握的已經遠遠超過學校的全部課程。」

二是他有不同一般的好奇心。熱衷於自學的孩子必然喜歡獨自思考，而喜歡獨自思考的孩子必然會比一般孩子發現更多的「奇蹟」，並為此震驚不已。在他五歲的時候，他被父親給他的一個指南針迷住了：指南針不受任何人的指揮，就能夠自動地指南指北。這的確讓小小的愛因斯坦大為吃驚，幾天都一個人沉浸在驚訝之中！

愛因斯坦終生都保持著對大自然的好奇心，而他本人也認為，正是好奇心始終擾動著他，使他無法寧靜或心安理得地滿足自己已經取得的成績；這種好奇心，也是愛因斯坦提出偉大發現的根本原因。

一八八〇年六月二十一日，即愛因斯坦出生後一年零三個月的時候，他們全家搬到慕尼黑。慕尼黑是德國南部重鎮，十九世紀是它蓬勃發展的黃金時代，這一時期的慕尼黑，人口由五萬劇增到五十萬；除此而外，慕尼黑還是歐洲的藝術和文化中心，素有「博覽會之城」的美譽。他的父親把家安在慕尼黑城郊，這是一座帶有一個大花園的房子，四周是古木參天的德國森林。半鄉村

▲ 5歲的愛因斯坦和妹妹瑪雅

的環境，加上慕尼黑是當時的政治和文化中心，這一切對於愛因斯坦的成長和心理發展過程，都有著重要的意義。他的叔叔雅各有很長一段時間與他們住在一起，而雅各對於科學的喜愛遠勝過赫曼，因此小愛因斯坦有機會從叔叔那裡受到最初的科學啟蒙。

一八八一年初夏，外祖母來慕尼黑看望兩歲的小外孫。外祖母非常喜愛她的外孫，在還沒有見到小外孫時，她在信中寫道：「小阿爾伯特真是可愛，一想到我將有一段時間見不到他時，真是難受極了。」

等到離開了赫曼家，外祖母又迫不及待地寫信給在慕尼黑的女兒和女婿：「我們大家都惦記著小阿爾伯特，他是那樣可愛，我們老是談到他那些古怪離奇的想法。」

可惜外祖母沒有談到她的小外孫有些什麼「古怪離奇的想法」。

這年的十一月八日，小阿爾伯特有了一個妹妹，她的名字叫瑪利婭（通常被稱為瑪雅）。瑪雅與她的哥哥的相貌、性格都很像，愛因斯坦終生都非常喜愛他的妹妹。

赫曼這時不僅有了兒子和女兒，他的事業也蓬勃興旺，情勢很好。一八八五年，他和雅各共同投資辦了一家電氣公司，又搬到位於阿德賴特街的條件更好的新家。新家有一個濃蔭蔽天的花園，這讓愛因斯坦和瑪雅雀躍不已。

由於父親事業的蓬勃發展，愛因斯坦和他的妹妹在早期能夠生活在富裕、安定、幸福和富有朝氣的生活環境中，這對於兄妹兩人的健康成長顯然十分有利。但到了一八九三年以後，赫曼家道中落，使愛因斯坦在青年時期飽受貧窮、失業之苦。不過這是後話了。

一八八四年十月一日，愛因斯坦進入花木街的彼得學校上二年級。在班上的七十名同學中，他是唯一的一個猶太人。在小學裡，愛因斯坦與同學的交往仍然不多，但這基本上是他的性格使然，而不是老師和同學對他有什麼歧視。應該說，在對待猶太人方面，當時的慕尼黑學校基本上是很平等的，很少有人去特別注意到班上有一個猶太同學。大家都覺得愛因斯坦是個聽話的、表現不錯的學生，老師問什麼問題，他多半能夠正確回答，只不過他喜歡思考一下再回答，而不習慣或不能反應極快地回答，再加上他常常會不小心而把結果算錯（這種毛病在他日後做科學研究時也不時發生），因此教他數學的那位嚴格的、喜歡打學生手心的老師，並不認為這個學生有什麼特殊的數學天資。在家裡，愛因斯坦也總是按照大人的規定，做完作業以後才進行自己喜歡的遊戲或活動，很少違犯。由於他待人公正、寬容，所以同學們如果有什麼不能解決的問題，就總是找他來評理，大家都相信他。為此，同學們還給他取了一個綽號：誠實的約翰。他喜歡的遊戲仍然是一個人用積木建造樓房的智力遊戲，不過現在他可以耐心、頑強地把樓房建造到很高。這種從小就顯現出來的堅韌不拔和不屈不撓的性格，此後伴隨他終生。她的妹妹瑪雅曾經說：

十分明顯，堅韌不拔和不屈不撓是他性格的一部分，日後還得到了發展。正是這種性格，後來明顯地表現在他的科學工作中。許多人一生中也有過許多絕妙的念頭、別出心裁的想法，而他們依然是一事無成。只有靠頑強的毅力，不清除一切不明白的地方決不休止，不克服一切困難決不甘休，一個想法才能夠成為真正的天才思想。

▲ 慕尼黑盧伊特波爾德高級文科中學

學校的生活，也有讓愛因斯坦非常尷尬的時候。有一天，宗教課老師突然帶著一支長釘子來到課堂，他用頗帶情感的聲調告訴他的學生們，說「我們的主」就是被猶太人用這種長釘釘死在十字架上。老師也許沒有想到學生中有一個猶太學生，這位猶太學生在聽這種講課時會多麼難堪。雖然一般都認為，愛因斯坦在德國慕尼黑求學時並沒有遭受嚴重的種族歧視，但是在愛因斯坦寫於一九二〇年的一份草稿中，人們卻發現他這樣寫道：「在小學生中，反猶思想頗為盛行。從學校回家時，經常會受到攻擊和侮辱，雖然大部分並不太惡毒，但已足夠使一個小孩子產生根深蒂固的鮮明感受。」

一八八八年夏季，他學完小學課程，接著考上了距小學不遠處的盧伊特波爾德高級文科中學，那時他九歲半。這所高級文科中學在慕尼黑很有名氣，許多富裕家庭都希望自己的孩子能上這所中學。從一張有點模糊的照片上看，愛因斯坦的那個班有五十人之多。不像大多數同學那樣嚴肅刻板，愛因斯坦顯得滿面春風。

在中學裡，愛因斯坦各科成績都不錯。愛因斯坦的拉丁語成績至少是二分（一是最高分，四是最低分），六年級時拉丁語成績是一分；他的希臘語成績最後評定的是二分。以前有不少傳言說愛因斯坦成績很差，這是誤傳。不過據他妹妹瑪雅說，他不怎麼喜歡希臘語，有時他只考到三分，平常希臘語作業也不怎麼認真，因此有時讓希臘語老師大為氣憤。教過他希臘語的老師德根哈特曾氣憤地說：「你以後絕不會有什麼成就。」老師對自行其是的學生發一次脾氣，那總是免不了的，根本

▲ 1889年愛因斯坦（前排右3）所在班級的全班合影

不值得大驚小怪，如果根據這點小事說愛因斯坦在中學讀書時成績很糟，那更是誤解事實。除了拉丁語成績後來多是一分以外，他的數學成績在五年級之後也總是一分。成績雖然不錯，但從愛因斯坦後來多次的回憶中可知，他一直不喜歡德國的學校，他認為德國的學校有些像軍營，過分強調服從權威，不准學生發表反對意見。他認為這是對人性的否定，並認為這種氛圍大大傷害了學生的感情。他甚至把中學的老師稱為「尉官」，把小學的老師稱為「軍士長」。當他後來到瑞士的阿勞讀書時，他這樣稱讚瑞士的學校：

瑞士的學校充滿著自由的氣氛，老師從不用外界權威作幌子壓人，他們的思想樸素而認真。這一切使這所學校給我留下了深刻的印象。

在高級文科中學，學生從五年級開始學習數學，但是愛因斯坦在一年前就已經從叔叔雅各那裡得到一本平面幾何學的書，而且懷著驚訝而熱切的心情學習了它。他感受到一種心靈深處的震顫。書裡面的美對他有深深的吸引力，這一吸引力伴他終生。在《自述》中，他清楚無誤地記下了這被稱為他人生中經歷的「第二次驚奇」。他寫道：

在十二歲時，我經歷了另一種性質完全不同的驚奇：這是在一個學年開始時，當我得到一本關於歐幾里得平面幾何的小書時所經歷的。這本書裡有許多斷言，比如，三角形的三個高交於一點，它們本身雖然並不是顯而易見的，但是可以很可靠地加以證明，以致任何懷疑似乎都是不可能的。

這種明晰性和可靠性給我造成了一種難以形容的印象。

他還把叔叔給他的平面幾何學教科書稱為「神聖的幾何學小書」。有了這本神聖的小書，他就忘卻了遊戲，忘記了同伴，開始研究這些讓他心靈震顫的定理。他不滿足於從書上得知的證明，他熱切地希望自己能夠證明它們。有一次他向雅各叔叔表示他想用另一種方法來證明畢達哥拉斯定理，他叔叔聽了，不大相信他能夠做到這一點，但是後來的事情卻讓叔叔也吃了一驚，因為年僅十二歲的侄子「經過艱巨的努力以後，……根據三角形的相似性成功地『證明了』這條定理」，這不由使這個當叔叔的對侄兒另眼相看了。

有趣的是，很多科學大師在早年都有過與愛因斯坦相似的經歷和體驗，在幾何學面前頂禮膜拜。例如英國偉大的哲學家羅素（一九五〇年獲諾貝爾文學獎）就有過一段與愛因斯坦經歷驚人相似的自述：「我在十歲的時候，開始學歐幾里得，這是我一生中的一件大事，其又驚又喜之情有如初嘗戀愛的滋味。我不曾想像到世界上有任何東西比這更有趣。」

對於小阿爾伯特來說，十分幸運的是，從十到十五歲，一位每週安息日到他家吃午飯的猶太人塔穆德給予了他很大的幫助，對他今後的順利成長產生了不可低估的作用。塔穆德是一位波蘭籍的醫科大學的學生，由於他十分貧困，猶太會堂在與赫曼商榷之後，讓塔穆德每週在他家吃一頓免費午餐。猶太民族是一個十分重視教育、互助互愛的民族，這個占世界人口比例僅〇・三％的民族，為世界貢獻了斯賓諾莎、馬克思、佛洛伊德、柏格森、胡塞爾、維根斯坦、馬庫色等眾多偉大的思想家，還有約二〇%的諾貝爾獎獲得者，這實在是人類眾多奇蹟中一個重要的奇蹟。其中原因不是在這裡能說得清楚的，但其中有很重要的一個原因是猶太民族的每一個成員，都有幫助困難學生的義務；更令人感動的是，猶太人對這一項義務都身體力行，絕不推諉。後來赫曼破產，愛因斯坦上大學全靠一個遠房親戚的資助。

塔穆德見小阿爾伯特十分聰明，而且好學，他就借給小阿爾伯特一些寫得不錯的通俗科學讀物。這些讀物有比希納的《物質與力》，洪堡的《宇宙》，以及伯恩斯坦二十卷的《自然科學通俗叢書》。塔穆德在一九三二年寫的回憶中說，當他認識愛因斯坦時，愛因斯坦已經「表現出特別喜愛物理學的傾向，並且以談論物理現象為樂」。塔穆德很喜歡比他小十一歲的愛因斯坦，而且能以彼此平等的朋友地位，回答他提出的一切問題。這種平等的交談極富有啟發性、探索性，讓愛因斯坦感到非常振奮。與學校老師那種學究式地只重視知識灌輸相比較，這位醫科大學學生對愛因斯坦的影響，比學校老師更為重要。而且，這種富有啟發性的交談正發生在愛因斯坦開始發育之際，這種作用就更加不可忽視了。在塔穆德的影響下，愛因斯坦

▲ 愛因斯坦青少年時期的課外老師塔穆德

的科學興趣更廣泛了，他不再只盯住數學，而且開始關注和思考自然科學的一些基本問題和某些社會科學問題。

塔穆德作為一個醫科大學學生，數學和物理學水準也許並不很高，所以很快就被愛因斯坦趕上了，以致塔穆德發現他再沒有能力來進一步引導愛因斯坦了。「短短幾個月的時間裡，他就學完了《平面幾何學》，然後開始自學《微積分》……如果沒有記錯的話，這本書也是我推薦給他的。他的數學天賦使他的數學提高得很快，不久我就趕不上他了。」

到愛因斯坦十三歲時，塔穆德推薦他看康德的《純粹理性批判》。開始，塔穆德還擔心這本一般人很難看懂的書，十三歲的愛因斯坦未必會感興趣。可是奇怪的是，愛因斯坦根本沒有感覺到康德的書難於理解。

正當愛因斯坦在智力、思想上走向成熟之時，家庭經濟上的巨大變化無情地改變了這一進程，這一改變當然會對愛因斯坦的未來以及性格產生重大影響。

由於經營上出現了問題，父親和叔叔合營的公司，於一八九三年七月關閉。父親隨後到義大利北部城市帕維亞建立了一個新的工廠。

在慕尼黑舒適的生活結束了。一八九四年夏季，他們全家懷著痛苦的心情離開了德國，遷到義大利，起初住在義大利第二大城市和歐洲「歌劇聖地」米蘭，後來在義大利美麗的古城帕維亞的福斯科洛路十一號住了一年多時間，最後又回到米蘭。妹妹瑪雅隨父母一起去了義大利，而愛因斯坦因為要完成學業，只得暫時一人留在慕尼黑，由一家遠房親戚照料他。

按原來的計畫，愛因斯坦要一個人在慕尼黑待三年。可是，大大出乎父母的意料，僅僅過了半年的時間，愛因斯坦於一八九四年十二月二十九日擅自做主，辦了退學手續，然後迫不及待地回到米蘭的家中，讓父母大吃一驚，父母為兒子的自作主張感到不滿又憂心。

愛因斯坦為什麼如此膽大而迫不及待地逃離盧伊特波爾德高級文科中學呢？原因有三。

一是愛因斯坦生性孤獨，不善於與同學交往，學校又讓他厭惡，本來可以在家庭找到的溫暖和溫情，現在都被媽媽和瑪雅帶走了，他失去了心靈唯一可以寄託的地方，而且他將一個人在冰冷冷的德國中學待上三年！只要一想到這可怕的三年時間，愛因斯坦就會不寒而慄，噩夢不斷。

第二個原因也許是更重要的原因：他極為厭惡德國的中學教育。他後來在一封信中談到當時的心情：「當然，我自己也想離開學校跟著父母到義大利，但主要理由不是別的，而是那種枯燥的、機械的教學。」還說：「德國當時那種過分強調的軍人精神與我是格格不入的，雖然那時我還是個孩子。在父親遷往義大利之前，就由於我的請求，解除了我的德國國籍，因為我希望成為瑞士公民。」

這段話還談到了愛因斯坦想離開德國的第三個原因：解除德國國籍。愛因斯坦在離開德國時，已經滿十五歲進十六歲了，按德國的規定，他在滿二十周歲時將到部隊服役，拒不服兵役的人將以「逃兵」論處，遭受可怕的懲罰；但如果在十六周歲以前離開了德國，就可以不回德國服兵役。愛因斯坦平生最厭惡和害怕的就是在軍隊過那種絕對服從軍官的「可憐的」生活，所以一想到不久之後，他必須穿上士兵制服，服滿他的義務兵役，就不寒而慄，心情壓抑，神經過敏。所以，他必須尋找一條出路。

出路只有一條：儘快離開慕尼黑，回到溫馨的家中。接下來，愛因斯坦表現出了頗為精明的才幹，他並不魯莽行動，而是處處為自己的未來和為說服父母留下了很大的餘地。首先，他請他們家原來的家庭醫生（塔穆德的哥哥）給他開了一個診斷證明，證明他神經衰弱，需要休學；其次他設法說服了數學老師杜克呂，為他出具了一個證明，證明他的數學水準已經達到中學畢業考試的水準，足夠進入高等學校繼續學習相關的課程。有了這兩個證明，愛因斯坦向校長遞上了退學的申請書。正像一般情況下會產生的想法一樣：越是自己急切想辦到的事，越是

▲ 1893年的愛因斯坦

會認為好事多磨。愛因斯坦也是如此，申請書遞上去後，總是害怕學校不會批准他的申請，他為此擔心害怕了好幾天。但大大出乎他意料的是，申請書遞上去不久，他的導師就叫他去辦公室，並對他說，如果願意的話他可以離校了。愛因斯坦因為沒有料到如此順利，不由感到有些蹊蹺，連忙問道：「我是不是犯了什麼錯？」

老師回答說：「你沒有犯什麼錯，但是班上有了你，教師需要在班級中得到的尊嚴就受到了破壞。」

以後愛因斯坦多次把這次談話作為趣聞向朋友們談及。而且我們可以看到，此後由於他的特立獨行，由於他非同一般的正義感，愛因斯坦不止一次地讓許多大大小小的領導者們感到他們「需要的尊嚴受到了破壞」，因此他們常常遷怒於他。實際上，愛因斯坦既不是一個反抗當局的叛逆者，也不認為自己是一位科學革命的革命者。他在任何地方都讓大大小小的「權威人士」感到不自在，恐怕只能歸因於他總是比別人看得更深更遠，面對各種形式的「權威」總會感到他們極為幼稚和可笑，更糟糕的是，他總會忍俊不禁，笑出來、說出來，這當然會使那些自以為是而且裝模作樣的「權威」們感到「尊嚴受到了破壞」，因而不自在和憤怒。

在米蘭的父母突然看見兒子回到家，而且他還宣布不再回到讓他厭惡的慕尼黑去，感到十分驚駭。他們希望兒子能像他叔叔雅各一樣，讀完高中再讀大學，成為一個高級人才，這才能出人頭地，過上富裕的生活。離散在世界各地的猶太人早就明白了一個絕不會錯的道理：**受到歧視和迫害**

的猶太人只有比當地居民付出更多的代價，比當地居民更優秀，才有可能擺脫貧困和悲慘的處境。這種觀念已經在猶太人的潛意識中根深蒂固了，但兒子竟然不知天高地厚地半途而廢，擅自做主離開了中學，他們做大人的苦心和希望豈不全部成了泡影？

愛因斯坦早已準備好如何回答父母的憂慮。他拿出了數學老師杜克呂的證明，並告訴父母他將來的打算。因為瑞士的蘇黎世聯邦理工大學是歐洲一所很有聲譽的大學，而且允許自學的學生經考試入學，不一定要高中畢業證書，所以他決心好好自學一陣子，然後考入這所在歐洲頗有名氣的大學。

父母見兒子振振有詞而且信心十足，煩亂的心情才稍稍緩解。

第二章

阿爾高州立學校

Albert Einstein

為了讓父母相信他的諾言，愛因斯坦立即到一所學校補習功課，還到一家大學書店買來一套教科書《物理學》，為這年秋天的大學入學考試開始了認真的準備。

前面我們提到過，愛因斯坦之所以斷然決定離開德國，重要原因之一是他根本不願意服兵役。根據德國法律，為了免服兵役，他必須在滿十六周歲以前辦妥移民手續，放棄德國的國籍。一八九五年三月十四日他就滿十六周歲了，時間緊迫。他說服父親寫了一封信給符騰堡州當局，申請取消他的德國公民資格（當時德國一個州的公民並不等同於德國全境的公民），又花了三個馬克以最快的速度辦妥了一切必要的手續。接下來的五年，在加入瑞士國籍之前，愛因斯坦一直沒有國籍，是「世界公民」。

我們可以認為，愛因斯坦離開德國對他今後的成長非常重要。

愛因斯坦的好友佛蘭克說：「他在義大利求學的第一個時期是充滿了歡樂與狂喜的。他被畫廊上、教堂裡的藝術精品迷住了，他傾聽這個國家每個角落裡迴響的音樂聲和居民們音樂般的談話聲。他徒步穿過亞平寧山到熱那亞去，一路上，他興奮地觀察那些人民的善良本性，他們用最優美的風韻去做最簡單的事，說些最簡單的話。在愛因斯坦眼中，這和德國人的普遍態度真是形成強烈的對比。在德國，他見到的處處是精神分裂的人，人們失去所有自然的本性而被機械般地驅使著。在這裡，他看到了不受外來束縛的人，他們的行為和本性意志相協調。對他來說，這些人的行為更近於自然規律而遠離了人為的權威。」

愛因斯坦後來的祕書杜卡斯說：「愛因斯坦離開了慕尼黑到米蘭與家人團聚，度過了他一生中最愉快的幾年，他簡直就像獲得新的自由似的。他拋開一切不顧，全心全意地享受自由，只學習自己喜歡的科目。……博物館、藝術寶庫、教堂、音樂會、書籍、家人、朋友、暖和的義大利陽光、熱情自由的人們——這一切構成了他的新大陸。」

從愛因斯坦的經歷，我們可以體會到，對愛因斯坦這種性格和稟賦的人來說，離開德國以及後來到瑞士受教育實在是太重要和太及時了。愛因斯坦在《自述》中寫道：

> 我們在瑞士所受到的這種窒息真正科學動力的強制，比其他許多地方要少得多。……脆弱的幼苗，除了需要鼓勵以外，更需要自由；要是沒有自由，它必然會夭折。認為用強制和責任感就能增進觀察和探索的樂趣，那是一種嚴重的錯誤。我想，即使是一頭健康的猛獸，在牠不餓的時候，如果用鞭子強迫牠不斷地吞食，特別是，當人們強迫餵給牠吃的食物是經過適當選擇的時候，也會使牠喪失其貪吃的習性的。

愛因斯坦的這段話有很深的哲理。

詩情畫意的日子不久就被罩上了陰影。父親的公司仍然不見起色，米蘭和帕維亞的工廠情況都不令人樂觀，一向樂觀開朗的父親不得不對兒子說：「我無法供你讀大學了，恐怕你只能找個工作了。」幸虧有一位遠房親戚願意資助愛因斯坦上大學，這個可怕的災難才得以避免。

愛因斯坦在義大利期間，經常到工廠裡學習一些基本技術，有時還到雅各叔叔的辦公室幫助設計。許多理論物理學家如波耳、包立，在理論思考上可以讓人歎絕，但是一動手做點實驗什麼的，就常常笨拙不堪；但愛因斯坦很喜歡動手做點機械設計什麼的，而且終生有此愛好，在此方面他還與人合作取得了好幾個專利呢。在叔叔那裡幫忙做機械設計時，他的實踐能力讓叔叔又吃了一驚。他的叔叔曾經對一位見習生說：

您知道，我的侄兒本來就是非常了不起的。我和我的助理工程師絞盡腦汁考慮好多天的問題，這個青年用了不到一刻鐘的工夫就全部解決了。

這年夏季，愛因斯坦在自學物理學之後，撰寫了他生平的第一篇論文。雖然沒有對外發表，他卻寄給住在比利時布魯塞爾的舅舅凱撒・科赫。論文的題目是《磁場中乙太狀態之考察》。實際上，它只不過是愛因斯坦自學的一個總結。

義大利宜人的夏天結束了，愛因斯坦面臨的蘇黎世聯邦理工大學的入學考試日益逼近。按瑞士的法律規定，參加高等學校入學考試的學生必須年滿十八周歲。愛因斯坦沒有高中畢業文憑還可以通融，但是只滿十六周歲的年齡，卻是一個更大的障礙。愛因斯坦的雙親想利用「套關係」來解決這個難題。他們家有一位叫邁爾的世交，在蘇黎世經營一家銀行和百貨商店。邁爾出生在烏爾姆，曾經擔任過德國國家銀行地區分行經理的職務，後來從德國移居蘇黎世。他們希望邁爾能夠給蘇黎世聯邦理工大學的校長赫爾措格寫一封信，以愛因斯坦是一位「神童」為由，允許他參加入學考試。邁爾沒有辜負他們的期望，寫了一封信給赫爾措格校長，請他不要僅僅因為年齡太小而把這位「神童」拒之門外。赫爾措格校長回信說：

……據我的經驗，即使是所謂「神童」，一旦在一個學校已經開始學習，在完成全部學業之前就退學，也是不可取的。因此，我就當前的情況給您提出建議，敦促我們談論的那個年輕人，在這個學校把全部功課學完並通過畢業考試。倘若您或者我們正在談論的那個年輕人的親戚不同意我的意見，我允許他本人——在免除入學年齡限制的例外情況下——在我們學校參加入學考試。

赫爾措格校長的意見當然是對的，但是再讓愛因斯坦回到慕尼黑去讀完高級文科中學，那肯定是不可能的。好在愛因斯坦有數學老師非同一般的推薦，也許可以使校長稍稍放心。總之，有了赫爾措格校長這封信的允諾，愛因斯坦於一八九五年秋天乘火車來到了蘇黎世，並於十月八日開始進行入學考試。考試分兩部分，一部分是一般知識：口試文學史、政治史，以及德語談話的流利程度和用德文寫一篇文章。另一部分是專門科學知識：口試算術、代數、幾何、物理和化學，還要求提交工程繪圖和徒手畫。

結果，由於一般知識這一部分的考試成績不好，愛因斯坦沒有被錄取；但他的科學專業方面的考試想必表現不俗，因為該校物理系教授韋伯准許愛因斯坦旁聽他的課程。

愛因斯坦也瞭解了自身基礎教育的殘缺不全，因而認為自己的失敗是完全合理的，所以他順從地接受了赫爾措格校長的勸告，前往設在阿勞鎮的阿爾高州立學校去修完他的高中教育。這所學校素以自由、民主的風氣和不受教會的約束，因而在瑞士頗有名氣。阿勞鎮離蘇黎世不遠，僅五十公里，在它的西邊。

邁爾有一位相識的朋友約斯特・溫特勒，在這所中學任希臘語和歷史學教授。由於邁爾的幫助，年少離家的愛因斯坦可以住在溫特勒家中，由溫特勒照料和幫助他順利度過一年的學習時間。

溫特勒教授以前在蘇黎世學習，後來在德國文化名城耶拿獲得語言學博士學位。他家有三個女兒和四個兒子，是一個溫馨而又頗有文化氣氛的家庭。當時愛因斯坦還有一個來自德國赫辛根的表兄羅伯特正好也想進入這所中學，但羅伯特進的是阿爾高州立學校高級文科部的二年級，而愛因斯坦則讀工商專科部的三年級。邁爾希望表兄弟二人

▲ 愛因斯坦（前排左一）在工商專科部與班級同學合影

同時寄宿在溫特勒教授家中。十月二十六日，邁爾在寫給溫特勒教授的信中寫道：

阿爾伯特・愛因斯坦比他的表兄弟成熟得多，因此不需太多照料。

愛因斯坦的食宿問題得到了妥善的解決，於是他在一八九五年十月二十六日註冊進入了阿爾高州立學校工商專科三年級。在愛因斯坦入學時，這所州立學校由兩部分組成，一部分是高級文科中學部，有五十多名學生；另一部分是由工科和商科組成的工商專科部，共有九十名學生，其中有大約三分之二的學生讀工科。愛因斯坦選讀的是工科。三年級一共有十五個學生，班上其他的學生一般都在十七到十九歲之間，都比他大。

愛因斯坦除了跟班上課以外，由於法語有「嚴重缺陷」，化學「必須用功趕上」，自然史成績也不大理想，老師要求他最好請人補習和自學。看來他面臨的任務還不輕，學校為此還特許他不用參加唱歌、軍訓和物理學訓練。雖然求學相當努力，他之後考試的成績也只有中等水準，並無什麼特別之處，但他卻一反以前那種對德國中學反感的態度，始終對這所州立中學懷著依戀和愛慕之情。他晚年曾寫道：

這所學校以其自由之精神，以及教師們毫不仰仗外界權威的純樸真摯，給我留下了一種難忘的印象。

一位叫畢蘭的同學在一九二八年曾回憶說：「在阿爾高州立學校，勇敢活潑的愛因斯坦如魚得水……」

在瑞士同學的眼裡，愛因斯坦成了一個「勇敢活潑的人」！而在慕尼黑的中學裡，他是一個孤獨而特別不合群的人，由此可以想見環境是如何強烈地影響一個人的性格啊！我們還可以想見，有多少天才在不利的環境中夭折！

不僅同學們有這樣的感覺，就連愛因斯坦住宿的溫特勒教授家裡的人，也同樣感覺這個年輕人是一個活潑可愛而且頗有思想的人。溫特勒的長女安娜曾回憶說：

愛因斯坦是一個愉快的、很誠實的房客，也是絕不令人掃興的人。他喜歡主持科學談話，卻始終幽默風趣，偶爾還會捧腹大笑。他晚上極少出門，經常在家讀書，還經常與全家人圍坐在桌邊，進行朗誦和討論。星期日他與我們全家一道散步，這時他不是與我父親談論哲學，就是發表他在物理方面的種種想法。

愛因斯坦在德國慕尼黑求學時，沒有人說他「始終幽默風趣」，更沒有人見到他「捧腹大笑」，在自由自在的環境中，他確實改變了許多。當然，愛因斯坦的基本天性不會改變，如自尊心強、與人保持一定距離、喜歡獨自思考問題，尤其是熱愛刨根問底地探尋科學的奧祕；碰見了讓他不滿意的事，他仍然喜歡顯出嘲弄的樣子。他的同學畢蘭曾經這樣形容愛因斯坦：

任何與他接觸的人都會被他卓越的人格所征服。厚厚的嘴唇，下唇稍稍向前突出，一絲嘲弄的樣子在他的雙唇上顯現出來。任何一個非利士人都不敢和他較量。他不受傳統的清規戒律的約束。面對這個世界，他像一個笑容滿面的哲學家。對任何虛偽和做作，他會用他機智的嘲諷毫不留情地予以嚴厲的譴責。

非利士人是阿拉伯半島沿海地區能征善戰而又十分兇狠的民族，歷史上，以色列人與非利士人有過你死我活的戰鬥。——作者注

如果認真看一下一八九五—一八九六學年裡愛因斯坦的照片，我們也許會覺得畢蘭的話說得並不過分。他早年那種靦腆已經消失了，取而代之的是自信和微帶嘲諷的神態。

愛因斯坦不僅對阿爾高州立學校感到滿意，他對寄住的溫特勒的家也非常滿意。他父親赫曼在寫給溫特勒教授的信中說：

欣悉我兒子受到您無微不至的照料，您不僅關心他的身體健康，而且以如此高尚的方式改善他的理智與感情生活，這對我是莫大的安慰。在此年少之時，心靈最容易接受優秀表率的薰陶，您良好的影響以後會持久發揮作用的。您對阿爾伯特的看法自然使我非常高興，即使我知道您的話表明的是一種非常仁慈的關懷。

從這封信中我們可以看出，溫特勒對愛因斯坦有很好的評價，而且很重視與他的寄宿生交談。溫特勒教授很願意以平等的地位與愛因斯坦交談，並有強烈的願望想透過交談來影響他的政治觀

點。溫特勒是一位讚賞自由、謳歌民主的自由派知識份子，他總是警告人們要警惕德國的擴張理論。愛因斯坦不僅欽佩溫特勒教授，而且熱愛他，常常稱他為「溫特勒爸爸」；而溫特勒對他的影響也真像赫曼信中所說，「持久發揮作用」。三十七年之後的一九三三年，愛因斯坦在給妹妹瑪雅的信中說：

我時常想起溫特勒爸爸，我常常想起他那富有預見性的政治觀點，到今天更是如此。

在阿爾高州立學校求學的一年，愛因斯坦還第一次愛上了一位女性，那就是比他大兩歲的溫特勒的女兒瑪麗。一八九六年四月八日，學年結束。回到帕維亞家中度假時，愛因斯坦在四月二十一日寫了一封愛意深切的信給他「親愛的小寶貝」。信中寫道：

親愛的小寶貝！非常非常感激您令人心醉的信，親愛的心上人，它使我無限幸福。能把這麼一張小紙按在心坎上，真是妙不可言，一雙這麼可愛的眼睛已經含情脈脈注視過它，一雙俊秀纖纖的手，已經親切地在它上面來回撫摸過了。我的小天使，現在我該完完全全理會想家和思念的含義了。然而，愛情給人的歡樂遠遠勝過思念引起的痛苦。只有現在我才看出，我可愛的小太陽對於我的幸福已經多麼不可或缺了。……

愛情造就詩人。愛因斯坦初戀時寫的信簡直猶如一首詩。

瑪麗那時剛從一所教師進修學院畢業，被分配到阿爾高州西邊奧爾斯貝格的一所鄉鎮小學教書。從現有可查的文獻中可以看到，瑪麗在一八九六年十一月，給已經在聯邦理工大學讀書的愛因斯坦，寫過兩封情意切切的信，在其中一封信中她寫道：

寶貝，你完全明白，一切在我心中寄寓著生活著和感覺著的東西都是為了你，而且只為了你一個人。自從你的可愛的靈魂生存並活動在我的心靈中，那感覺是多麼美好啊，我簡直無法形容得出，因為沒有這樣的詞……

這段戀情持續了半年多時間，但不知出於什麼原因，愛因斯坦決定在沒有對瑪麗造成更大的傷害時，終止這一關係。他沒有對瑪麗說明自己的決心，而是在一八九七年五月迂迴地將這一決定先告知溫特勒媽媽。信中他開門見山地寫道：

親愛的媽咪：為了今後無須再進行一場內心的搏鬥，我現在就要給您寫信……由於我的過失，我已經引起了這個可愛的小姑娘太多太多的痛苦，倘若我以新的痛苦換取幾天的歡樂，那就不只是有失我的身份了。

雖然發生了這件痛苦的事情，但它並沒有影響愛因斯坦與溫特勒一家親切而溫馨的關係，他還是經常寫信給「親愛的媽咪」或「親愛的二號媽咪」，向她講述自己的一切，而「媽咪」也沒有為此責怪他。妹妹瑪雅在一八九九—一九〇二年，到阿勞女子學校和女子師範學院求學時，認識了溫特勒的兒子保羅，後來她和保羅結了婚。愛因斯坦的好友貝索又與溫特勒家的大女兒安娜結了婚。

因而，他與溫特勒一家的關係更加親密起來。

愛因斯坦在阿爾高州立學校的學習情況，一開始很普通，這從一八九五年十二月第三季的成績單可以看出來，他的大部分成績都是三分（一分最高，六分最低），義大利語還只得了五分。但是到了第四季考試時，從他的一八九六年九月五日的成績單上看，他取得了很大的進步，除了法語成績只有二分（這時分數是六分最高，一分最低）以外，其他大多為五分和六分，其中數學是六分，物理是六分。

有了這樣不錯的成績，他可以參加阿爾高州立學校工商專科部的畢業考試了。畢業考試從一八九六年九月十八日早上七點開始，內容分筆試、口試兩部分。

七門功課中只有法語最差，只得了四分，其他都在五分以上，總平均分為五・五分，是九位參加考試的學生中成績最好的。愛因斯坦的年齡是九個學生中最小的，成績卻是第一，這也反映了在這一年的讀書生涯中，他是付出了相當的努力的。

接下來的是九月三十日開始的口試，每位考生要經過至少十分鐘的口試。口試照例要請蘇黎世聯邦理工大學的兩位教授到場。口試以後，主考人、校長和考試委員會的成員立即評出最後成績。九名考生都及格了，其中包括愛因斯坦在內，一共六位同學後來進入了蘇黎世聯邦理工大學。愛因斯坦的成績是五分，是九名考生中成績最好的。

這裡應該特別提到法語考試中的作文。作文題是「我未來的計畫」。因為語法等錯誤，這是他考得最差的一門，但是作文的內容值得我們注意。愛因斯坦寫道：

幸福快樂的人太滿足於現狀，不大會考慮到未來。而青年則不同，他們總是喜歡忙於制訂一些大膽的計畫。此外，一個嚴肅認真的青年，對於自己渴望實現的目標，要有一個既明確又能做得到的想法，這也是一件自然的事。

我若運氣好，一帆風順地通過我的各門考試，我就會去蘇黎世上聯邦理工大學，在那裡待上四年學習數學和物理，選修這些科學的理論部分。我設想自己會成為自然科學這些分支的一名教師。

下面是啟發我做出這項計畫的理由。最主要的是，我個人的性情（使我）喜愛抽象的和數字的思維，但缺乏想像力和實際才幹。也正是我的願望啟發我下了這樣的決心。這是十分自然的，人總是愛做那些自己所擅長的事情。何況科學職業還有一定的獨立性，那正是我非常喜愛的。

愛因斯坦的父母原本希望兒子今後接管他們公司的工作，並將公司辦得更興旺發達，圓他們一輩子追求而未完成的夢，愛因斯坦本人原來也打算學習電氣工程，現在他卻改變了想法，其主要原因在於，在愛因斯坦成熟的過程中，他深深感到，自己追求獨立性和不受約束的本性，以及「缺乏想像力和實際才幹」，絕不會在辦公司、建工廠中得到幸福，而他喜愛的「抽象的和數學的思維」，將會使自己得到滿足、愉快。以前他接觸的是父母和雅各叔叔，他們都是工程技術和經營管理人員，耳濡目染，也許會使他習慣地選擇父母的事業，而忽視了自己的性格和潛在的愛好。但在阿勞的一年中，他接觸了另一種職業的人——溫特勒教授，一個以學術研究和教學為職業的人，這種職業一定給了他深深的感悟。他可以確信，在高等學校做物理或數學老師，不僅可以保證他獲得一份安寧、有生活保障和受人尊敬的工作，而且還可以使他繼續追求他心儀的科學知識。

他的父親不斷追求擴大公司、興辦新工廠，而又屢戰屢敗和屢敗屢戰，在年輕的、喜愛寧靜思索的愛因斯坦看來，簡直是一場悲劇。他曾勸告父親不必再做無謂的奮鬥，但沒有效果，直到父親徹底破產，無力支持兒子受高等教育。這一切一定在愛因斯坦心中留下了永遠的傷痛。一八九六年，即愛因斯坦人生關鍵的一年，父親與叔叔的工廠又倒閉了，雅各叔叔從此收手，到一家大公司當職員；但他的父親卻還不善甘甘休，又找一位堂兄魯道夫借錢，打算在米蘭獨自開一個電工廠。愛因斯坦勸這個叔叔不要借錢給他父親，也勸父親像雅各叔叔一樣，找個工作算了，但看來兩方都沒有理會這位十七歲青年的勸告。兩年之後，父親在米蘭的電工廠又倒閉了。聽到這個壞消息以後，愛因斯坦在給妹妹的信中痛苦地寫道：

若按我的意見行事，爸爸兩年前已經找到了一個職位，那麼他和我們就不至於處在這種最糟糕的情況了……最令我苦惱的自然是我可憐的父母的不幸，他們這麼多年來未曾有過一分鐘幸運。我已是成年人，還不得不袖手旁觀，連最卑微的小事也不能做，這更使我深感痛苦。的確，我無非是家庭的一個累贅而已……要是我根本沒有來到這個世界上，那倒真的更好了。要始終做好自己微薄力量所能及的事情，並且年復一年，除了以讀書來消閒解悶外，一次也不允許自己娛樂——唯獨這種念頭支撐著我，給我勇氣和力量，有時還不得不保護我免於灰心絕望。

從這封信可以看出，愛因斯坦是多麼痛心，他幾近絕望。幸虧毫不懈怠的奮發學習使他不至於精神崩潰。由於這一慘痛的經歷，我們就不難瞭解為什麼愛因斯坦常常說：人生苦短，何必去做那些無謂的、無盡的追名逐利的事呢？

在阿勞的中學，他還逐漸瞭解到，自己真正的愛好和專長，並不是在慕尼黑時所一直鍾愛的數學，而是物理。在《自述》中，他仔細談到了他到大學選擇物理學的原因：

我看到數學分成許多專門領域，每一個領域都能費去我們所能有的短暫的一生。……這顯然是由於我在數學領域裡的直覺能力不強，以致不能把真正帶有根本性的最重要的東西與其餘那些多少是可有可無的廣博知識可靠地區分開來。此外，我對自然知識的興趣，無疑地也比較強；……在這個領域裡，我不久就學會了識別出那種能夠導致深邃的東西，而把許多東西撇開不管，把許多充塞腦袋、並使它偏離主要目標的東西撇開不管。

在阿勞，由於「自由行動和自我負責的教育」，愛因斯坦可以自由地思考一些問題。據愛因斯坦自己所說，他在阿勞想過一個問題，從這個問題的深度我們可以看出，在正式進入大學之前，他已經開始具備「識別出那種能夠導致深邃的東西，而把許多東西撇開不管」這種卓越的能力了。

這個問題是「追光問題」。我們都知道愛因斯坦善於用「思想實驗」抓住問題的要害，形成悖論，並反過來突破經典物理的謬誤。在阿勞的中學他就首次顯示出了這種異常的能力。什麼是「思想實驗」呢？我們這裡不妨簡單談一下。「思想實驗」是限於技術等方面的條件，暫時無法在實驗室完成的實驗；於是人們就在思想裡設計、「完成」這個實驗。例如下面提到的「追光實驗」就是一個典型的「思想實驗」。人們絕不可能追上光的速度，但是可以假想我們追上了，於是出現種種矛盾。

先聽聽愛因斯坦是怎麼說的：

在阿勞這一年中，我想到這樣一個問題：倘使一個人以光速跟著光波跑，那光就不隨時間而波動了。但看來不會有這種事情！

這是一個非常了不起的思想實驗，當時還沒有一位偉大的物理學家想到這個十分「樸素」而又很容易想到的弔詭。每個人都有這樣的生活體驗：如果兩列火車同向同速行駛，那麼每列車上的旅客看另外一列車上的旅客就似乎是雙方保持靜止不動一樣。但這種事情明顯與馬克士威的電磁理論相悖，因此愛因斯坦不得不認為「看來不會有這種事情」。其實這裡暴露了古典力學與古典電動力學之間深刻的矛盾。在此後的十年中，愛因斯坦一直沒有忘記這個思想實驗引起的矛盾，這也成為他發現狹義相對論的契機之一。

第三章

蘇黎世聯邦理工大學

Albert Einstein

一八九六年，世界上發生了許多事情，這些事情今後都會和愛因斯坦的生活發生關聯。這一年年初，法國的貝克勒爾教授發現了鈾發射的放射性射線；德國物理學家威恩根據經典的概念，推導出黑體輻射譜中能量分布的定律（威恩輻射定律；九年之後，愛因斯坦也加入到黑體輻射定律的研究之中，並提出光量子的革命性概念）。這年八月，瑞典化學家和諾貝爾獎創始人諾貝爾在聖雷莫去世，並立下設立諾貝爾獎的遺囑。一九二二年，愛因斯坦接受一九二一年度的諾貝爾物理學獎。

也正是在一八九六年十月的第二個星期，愛因斯坦經過考試，終於進入了他兩年來期盼的蘇黎世聯邦理工大學的Ｖ１學部的Ａ系。

（一）自由的學習風氣

這所大學一九一一年以後改名為聯邦理工大學（簡稱ＥＴＨ）。此校創建於一八五五年，整個大學分為七個學部，其中以科學與工程兩個學部的教學與研究聞名於歐洲。愛因斯坦就讀的Ｖ１學部是數學和自然科學專業教師進修學院，它是學校的科學研究和培訓中心。學部又由兩個系組成，Ａ系是數學系，領銜的是數學家赫維茲教授，該系除了設有數學專業以外，還設有物理學和天文學專業；Ｂ系是自然科學系，領銜的是地質學家海姆教授，該系除了地質學專業以外，還設有其他自然科學專業。

這個學部的學生人數相當少，在愛因斯坦入學時，連他在內該學部也只有十名新生，其中包括愛因斯坦後來的第一任妻子米列娃，米列娃也是這個學部唯一的一名女生。整個學部只有二十三名學生，愛因斯坦所在的年級還算是當時人數最多的一個年級。

學校的教學主樓位於山腳下，四層樓的主樓，即使以今日的水準來看，也十分壯觀。事實上它一直是蘇黎世非常引人注目的建築。山腳下是房屋此起彼伏的繁鬧市區；從平坦的山坡向下望去，是利馬特山谷著名的歷史名城。愛因斯坦和他的朋友們曾數次登上山頂，縱覽全市美麗的景色。

數學系裡有兩位一流的數學家；但是其中的物理學專業比較弱，完全不能跟上當時物理學的迅速發展，學生能學到的物理學知識僅僅局限於教科書上的那些，而這些知識又多半是實際應用在工程技術上的原理，很少涉及當時發展得比較成熟的理論物理學，如馬克士威、亥姆霍茲的電磁理論，玻耳茲曼的分子運動論和機率理

▲ 蘇黎世聯邦理工大學的主樓

▲ 數學物理和技術物理教授韋伯

論等。物理老師很少與學生一起探討自然現象以及它背後蘊含的科學哲學原理。愛因斯坦對於韋伯教授不講馬克士威理論方面的新東西很失望。好在蘇黎世的這所大學有相當自由的學術環境，只要能將必修課對付過去，聽不聽課沒有硬性規定。這正適合愛因斯坦這種喜歡特立獨行的學生。他很快學會了根據自己的需要和興趣，安排自己的學習：喜歡聽的課，集中精力聽，每講必到；不喜歡聽的課，則根本不去聽，而在宿舍裡埋頭學習理論物理。

韋伯講的課，愛因斯坦開始的時候聽得十分認真，第二學年（一八九七—一八九八）韋伯開的「物理學」，愛因斯坦的成績不錯，得到五・五分和五分。他在給米列娃的信中寫道：「韋伯的課講得好極了，我急切地盼著聽他的每一堂課。」第三學年到第四學年（一八九八—一九〇〇），韋伯開了十門課，但多是電工課，如「電工原理、儀器和測量方法」、「電振盪」、「電工實驗」，等等，很難看出這是專為物理系學生開的課，倒多半像是為電力工程系學生開的課。雖然凡是需要考的課程，愛因斯坦都考到了六或五分，但他當時感到相當失望，深感韋伯教授的課忽略了當時進展十分迅速而又十分重要的理論物理學課題。

在這種情況下，愛因斯坦只有採取「刷掉」某些課程的辦法來滿足自己的學習需要。開始是佩爾內特主持的「初學者物理實驗入門」講座，愛因斯坦很少去聽，結果考試他只得了最低分：一分。佩爾內特還指責他「不勤奮」，在愛因斯坦一八九八—一八九九學年的成績單上記載有：「一八九九年三月，由於在物理實習課上不勤奮，受到校長的一次申斥。」

佩爾內特有一次問他為什麼不學醫學、法律這些較容易的課，愛因斯坦回答說：「因為學這些課我的天分不夠，所以想試一下相對要好學一點的物理學。」佩爾內特聽了十分生氣。一八九九年六月，愛因斯坦還在實驗室引起一場爆炸，他的手也被嚴重燒傷。每次做實驗時，教師都會按規定發一張操作規定給他，但是他經常連看都不看就開始按照自己的想法做起實驗來。有一次，佩爾內特對他的助教說：「您對愛因斯坦有什麼看法？他為什麼做什麼都不按我的吩咐呢？」助教回答說：「的確如此，教授先生。但是，他的實驗結果都是對的，而且，他用的方法總是極有趣的。」

愛因斯坦後來對韋伯的課的熱情也冷淡下去了，經常不聽韋伯教授的課。這可能是日後兩人關係惡化的起因之一吧。愛因斯坦在《自述》中曾寫道：

一八九六—一九〇〇年在蘇黎世聯邦理工大學的師範系學習。我很快發現，我能成為一個有中等成績的學生也就該心滿意足了。要做一個好學生，必須有能力去很輕快地理解所學習的東西；要心甘情願地把精力完全集中於人們所教給你的那些東西上；要遵守秩序，把課堂上講解的東西用筆記下來，然後自覺地做好作業。遺憾的是，我發現這一切特性正是我最為欠缺的。於是我逐漸學會自由自在地生活，安排自己去學習那些適合於我的求知欲和興趣的東西。我以極大的興趣去聽某些課，同時「刷掉了」很多課程，而以極大的熱忱在宿舍裡向理論物理學的大師們學習。這樣做是好的，並且顯著地減輕了我的負疚心情，從而使我心境的平衡終於沒有受到劇烈的擾亂。

但是不要誤以為愛因斯坦只熱心於理論物理而輕視實驗物理。愛因斯坦其實很熱心於物理實驗，且醉心於與經驗直接結合。愛因斯坦曾經提到他在大學的生活時說：「大部分時間我都在物理實驗室操作，被直接觀察接觸迷住了。」

在大學時，他的確常常到韋伯的實驗室去，甚至在韋伯的指導下準備了一篇以實驗為根據的關於熱傳導的畢業論文。畢業後，他還計畫利用韋伯實驗室研究熱電現象。但是，韋伯對愛因斯坦自己設計的實驗計畫並不關心，更談不上支持。有一次韋伯顯然是十分不滿地對愛因斯坦說：「你這個小夥子確實能幹；不過呢，你有一個最大的毛病是，別人叫你做的事，你一件也不肯做。」

一八九八年十月，愛因斯坦報名參加了「畢業證書中期考試」。整個夏天，他都集中精力與他的好朋友格羅斯曼一起複習功課。格羅斯曼是一位與愛因斯坦在性格上完全不同的大學生，他聽課認真，從不蹺課，筆記整齊，一絲不苟。愛因斯坦沒聽的課，就全靠格羅斯曼的筆記「搭救」。用這種臨陣磨刀的方式來對付考試，還真十分有效。結果是愛因斯坦得了兩個滿分（六分，解析幾何、力學），三個五・五分（微積分、畫法幾何與射影幾何、物理學），總評五・七分，為參加考試的五個學生中的第一名；而「搭救」他的格羅斯曼只有一個滿分（畫法幾何與射影幾何），其他全是五・五分，總評為五・六分。另外三個人的總評分別為五・六分，五・三分和五・二分。

中期考試之後，從一八九八年末到一八九〇年秋的近兩年時間裡，愛因斯坦的學習出現了一種根本性的轉變，那就是用更多的時間自學。

一八九九年，愛因斯坦關注的是運動物體的電動力學。這年暑假的八月十日前後，他寫信給他的女友米列娃說：

不勝感激您親切的來信，要是我沒有與我們的旅館老闆一道在崇山峻嶺中做一次徒步旅行的話，我早就回來了。順便說一句，這次遊山玩水是絕妙喜人的……我已經歸還了亥姆霍茲的書，而今正再一次深入細緻地攻讀赫茲的電力傳播。

我們知道，所有的機械波動都需要一種媒介來傳播振動，如水波需要水這種介質來傳播水的上下振動（橫波），聲波需要空氣這種介質來傳播聲音的縱向振動（縱波）。照此類推，電磁波也需要一種介質來傳播電磁振動（橫波）。是什麼介質呢？物理學家公認這種介質是一種被稱為「乙太Luminiferous aether」的稀奇古怪的東西。說它稀奇古怪是有原因的，因為乙太瀰漫於整個宇宙，地球、行星、太陽……都浸潤其中，因此乙太必須柔軟無比，這才不會阻礙星體的運行，否則星體由於乙太的阻力會很快減速而停止運動，宇宙也會因此而坍塌。但是，電磁波是橫波，而且傳播速度大得驚人，力學公式顯示，傳播這種速度極快的波，其介質必須有極大的「切向力」，這就是說乙太又必須是非常堅硬的，其硬度甚至要超過鑽石！乙太同時具有如此對立和矛盾的性質，使得它成了一個極其古怪的東西，任何一個認真的物理學家想用乙太來解釋電磁波的運動，都會被這種稀奇古怪的性質弄得顧此失彼、狼狽不堪。愛因斯坦在研究了當時的電磁理論以後，知道了這一燙手的困難問題。甚至在一年前的一八九八年九月，德國物理學家在杜塞爾多夫討論的特別議題「運動介質中乙太及其行為」，就被剛剛讀大學三年級的愛因斯坦注意到了。雖然他沒有資格參加這種會議，但整個蘇黎世據說只有他最瞭解這次會議所遇到的困難。

在這次會議上，從亞琛高等技術學院來的威恩在會上的發言，道出了物理學家面臨的困境和艱難的抉擇。他介紹了乙太的各種自相矛盾的「性質」，和當時已完成的十三個有關地球與乙太的實驗。有的人認為乙太和地球相對靜止；有的人認為乙太是絕對靜止的，而地球在乙太的海洋中運動。但兩種假設均有與實驗相悖之處，因此威恩無可奈何地總結道：「乙太是否參與物體的運動，或者它是否具有流動性，物理學家們已經激烈爭論了很長的一段時間，而且關於這種電磁現象載體必須具有種種性質的推測和假定，人們還將沒完沒了地爭論下去。」

威恩的這個發言，後來以文章的形式發表於一八九八年六十五卷三期的《物理化學年鑑》上。在論文中，威恩不但討論了運動的乙太模型，還討論了靜止乙太模型。一八九九年，愛因斯坦看到威恩的論文後，不由產生了興趣。這年九月二八日左右，他在給米列娃的信中寫道：「我也是一個書蟲，啃了不少書，並苦苦思索很多問題，其中有的很有趣。我給在亞琛的威恩寫了信。此人一八九八年就這個題目發表了一篇很有意思的論文，我已經拜讀了。」

儘管參加杜塞爾多夫會議的人很多，地位也不低，但是卻沒有一種意見能讓大家都接受，也沒有任何一個物理學家敢於想到乾脆拋棄千瘡百孔的乙太，另起爐灶。但這次會議後一年，將要讀大學四年級的愛因斯坦居然敢於提出一種全然不同的意見：乾脆拋棄這個燙手的乙太。但一八九九年的愛因斯坦，還沒有具備在去掉乙太以後，構築另一種全新理論的能力和學識，要到六年之後的一九〇五年，他才有能力提出狹義相對論，徹底改變物理學中的時空觀。

從這件發生於一八九八—一八九九年的事情，我們可以看到，剛到二十歲的愛因斯坦已經初步具備駕馭困擾研究前沿的紛繁局面的能力，善於在千頭萬緒的諸多意見中，分析和看出問題的癥結所在。這是一種在科學研究中最不可缺少的、最可貴的能力。

到了一九〇〇年，愛因斯坦面臨著對他來說更加重要的問題：畢業論文和隨之而來的尋找工作的問題。關於乙太和運動物體的電動力學問題，看來他還沒有時間和能力去做進一步思考，因此他把這個問題暫時拋開。至少他明白，要解決這一個讓眾多物理學高手都感到燙手的問題非一日之功，以後再說吧。

一九〇〇年一開始，他就開始著手找導師和確定畢業論文的題目。三月份，這兩件事總算確定下來了，韋伯教授同意成為他的學術論文指導老師，但是韋伯對愛因斯坦選「熱傳導」作為論文題目不感興趣，而且讓他憤怒的是，愛因斯坦沒有用規定的論文紙抄寫論文。後來韋伯執意堅持，愛因斯坦只得將論文重新抄寫一次。

結果他的論文只得了四・五分（六分為滿分），其他考試科目的分數還可以，理論物理、實驗物理和天文學都是五分，函數論是五・五分。這樣，愛因斯坦以平均分數四・九一的成績和他的三個同學埃拉特（平均分數五・一四）、格羅斯曼（平均分數五・二三）、科爾羅斯（平均分數五・四一）獲得當年的畢業證書，而愛因斯坦的女友米列娃因平均分數四未能獲授畢業證書。愛因斯坦是四人中唯一一個物理專業的畢業生，另三個都是數學專業的。

在四個獲得畢業證書的人中，愛因斯坦的平均分數最低，僅四・九一分，還不到五分。比起中期考試，這次考試成績十分不理想，但連這個成績也還是靠了格羅斯曼的聽課筆記。也許是因為成績不好，也許是因為考試中斷了他對感興趣的問題的思考，這次考試給他留下的回憶非常不好，甚至至今人感到可怕。他在《自述》中寫道：

> 這裡的問題在於，人們為了考試，不論願意與否，都得把所有這些廢物統統塞進自己的腦袋。這種強制的結果使我如此畏縮不前，以致在我通過最後的考試以後，有整整一年對科學問題的任何思考都感到掃興。

這段話經常被人們引用，以證明考試的可怕的弊端。但遺憾的是至今還沒有一個更好的辦法代替它，以便對學生的學習效果進行更適宜的審核。另外，愛因斯坦在《自述》中也許過分誇大了考試對他的可怕的影響（「整整一年對科學問題的任何思考都感到掃興」），因為在一九〇〇年八月一日，即考試後的第五天，他在給米列娃的信中寫道：

雖然我確實還沒有得到任何來自蘇黎世的消息，可是由於無憂無慮的生活和美好的飲食所產生的喜悅心情卻使我信心十足。……我已讀了許多東西，主要是基爾霍夫關於剛體運動的那些著名的研究。我對這項偉大的工作驚歎不已。我的神經已經鎮靜下來，因此我又懷著喜悅的心情在學習。你的近況究竟如何呢？向你的親人問安！最真誠地吻你，你的阿爾伯特。

七月二十七日結束考試，在八月一日的信中就說「已讀了許多東西」，「神經已經鎮靜下來，因此我又懷著喜悅的心情在學習」，可見《自述》的回憶恐怕有誤。真正讓他此後兩年對「任何思考都感到掃興」的是另一件事：找不到合適的工作。愛因斯坦在八月一日信中提的「來自蘇黎世的消息」，是指他認為他很有希望得到助教一職的事，雖然他「信心十足」，但事情卻遠非他預料的那樣：他一直沒有得到「來自蘇黎世的消息」，而另外三個同時獲准畢業的同學都已經被錄用。他的心情急躁不安，在八月三十日（可能）給米列娃的信中他寫道：

……生活中有著比考試更惱人的事。我現在才明白，它比世界上的其他任何困難還要討厭。我唯一的消遣就是學習，我現在以兩倍的喜愛來學習，而我唯一可寄予希望的人就是你，我的親愛的、忠貞的靈魂，要是不掛念你，我可能就不再願意生活在熙熙攘攘、悲愴不幸的人群之中。

當時愛因斯坦可能沒有算到，他的失業生涯竟歷時兩年。所以，由這封信我們可以預料到，他之後的兩年會使他更加痛心地感到他的不幸。

（二）大學時代的友情

愛因斯坦在大學的四年，結交了兩個男性朋友和一個女性朋友。男性朋友是格羅斯曼和貝索，他們後來成為愛因斯坦終生的摯友；女性朋友是米列娃，後來成了他的第一任妻子。

格羅斯曼比愛因斯坦大一歲，與他是同年級同學，但格羅斯曼是專攻數學的。格羅斯曼是蘇黎世湖畔泰爾威爾一個瑞士古老家族的後代，他父親是一家大型機械廠的廠主，因此生活富裕。他的家和他本人雖有瑞士貴族遺風，但又同時具有相當開放、自由、民主的視野，因此深深地吸引了自稱「孤獨者」的愛因斯坦。他們成了無話不談的好朋友，經常在週末閒暇時到咖啡店待著，既談學習上遇到的種種問題，也不時激揚文字、指點江山。從談話中，格羅斯曼對這位不講究儀表的同學有了很深的瞭解，而且常常被愛因斯坦的談話所吸引。他曾經對父母說：「愛因斯坦總有一天會成為真正的大人物。」

愛因斯坦則在回憶中深情地說道：

我回憶我們的學生時代。他是一個無可指責的學生，我自己卻是一個離經叛道的和好夢想的人。他與老師的關係經營得很好，而且諒解一切；而我卻是一個流浪漢，心懷不滿，也不為人所喜歡。但是我們卻是好朋友，我們每兩、三個星期就要到「都會」咖啡店去，一邊喝冰咖啡，一邊聊天，這是我最愉快的回憶。後來，我們的學業結束了——我突然被拋棄，站在生活的門檻上不知如何是好。但是他支援了我，感謝他和他父親的幫助，我後來在專利局找到了一個跟著哈勒工作的職位。這對我是一種拯救，要不然，即使未必死去，我也會在智力上被摧毀了。而且，十年以後，在廣義相對論的形式體系方面，我們一起狂熱地工作。這項工作由於我去了柏林而沒有完成，在柏林我一個人繼續做著這項工作。

格羅斯曼不僅把愛因斯坦從失業的苦海中「拯救」了出來，而且在大學讀書時多次「拯救」了他。愛因斯坦曾經這樣寫道：

格羅斯曼具有許多我所欠缺的才能：敏捷的理解能力，處理任何事情都井井有條。他不僅學習與我們有關的課程，而且學習得如此出色，以致人們看到他的筆記本都自歎不如。在準備考試時他把筆記本借給我，這對我來說，就像救命的錨；我怎麼也不能設想，要是沒有這些筆記本，我將會怎樣。

格羅斯曼畢業以後，曾在聯邦理工大學的菲德勒教授手下當了一年助教。一九〇七—

一九二七年，他接替菲德勒教授，任幾何學教授，其中在一九一一年還擔任過數學・物理系主任。一九一二—一九一四年，他在廣義相對論的數學方面曾與愛因斯坦合作，這時愛因斯坦已回到聯邦理工大學，任該大學的物理學教授。一九二七年，格羅斯曼退休以後，仍繼續從事數學研究，發表論文。

一九〇五年四月三十日，愛因斯坦完成博士論文《分子大小的新測定法》，他將論文題獻給「我的朋友，格羅斯曼博士先生」。在一九一六年發表關於廣義相對論的第一篇完整的論文時，在前言中他又特地寫道：「我在這裡要感謝我的朋友、數學家格羅斯曼博士，他不僅代替我研究了有關的數學文獻，而且在探索引力場方程式方面給我大力支持。」

不幸的是，格羅斯曼於一九三六年九月七日病逝於蘇黎世。消息傳來，愛因斯坦在震驚、痛苦之餘，寫信給格羅斯曼夫人。在追憶了他與格羅斯曼的終生交往以及「痛苦想念著他」之後，愛因斯坦欣慰地寫道：

但有一件事情還是美好的：我們整個一生始終是朋友。

愛因斯坦還結交了一個終生的好朋友貝索。貝索比愛因斯坦大六歲，他的父親是義大利特里雅斯特的一家保險公司的董事。貝索在義大利受完中學教育後，於一八九一—一八九五年在聯邦理工大學學習機械工程。愛因斯坦到聯邦理工大學就讀時，貝索已經畢業，並在瑞士北部溫特圖爾一家

▲ 愛因斯坦在大學時的女友米列娃，後來成了愛因斯坦的妻子

電工機械製造廠工作。愛因斯坦與貝索相識，得益於一場音樂晚會上的相遇。愛因斯坦後來有不少好友，都與音樂晚會上的演奏有關。

愛因斯坦在聯邦理工大學上學的第一學期，在一場室內音樂晚會上認識了貝索。由於志趣相投，兩人從此成為終生摯友。一九五五年三月，當愛因斯坦得知貝索逝世的消息時，他在信函中說：「我們的友誼是從我在蘇黎世求學年代就奠定的，那時我們經常在音樂晚會上見面。他年長一些，有學問，總是鼓勵我。」

一八九九年，愛因斯坦把溫特勒家的大女兒安娜介紹給貝索認識，結果促成了貝索與安娜的秦晉之好，一九〇〇年他們結為夫妻。我們前面還提到過，愛因斯坦的妹妹瑪雅在十年後又成為溫特勒家小兒子保羅的妻子，於是愛因斯坦與貝索在友誼之上又多了一層姻親關係。一九〇四年一月，由於愛因斯坦的推薦，貝索也被伯恩專利局聘用為諮詢工程師，於是兩位老朋友朝夕相處達五年之久。愛因斯坦後來回憶說：

> 專利局把我們結合在一起，我們下班途中的談話引人入勝，無與倫比，人事浮沉對於我們來說似乎並不存在。

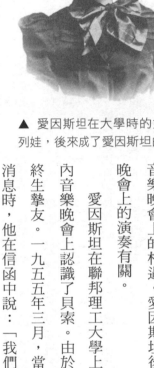

正是在這些極富啟發性的談話中，知識淵博、思想敏銳的貝索向愛因斯坦提出了許多有益的建議，幫助愛因斯坦把尚不夠清晰的思想明確地表達出來，對愛因斯坦的科學創見的形成發揮了「助產士」的積極作用。所以，當一九〇五年愛因斯坦創建狹義相對論的劃時代論文《論動體的電動力學》發表時，這篇沒有列出一篇參考文獻的論文，沒有提到任何著名學者的幫助，卻唯獨提到了貝索的「熱誠幫助」和「有價值的建議」。在該文最後的一段話中，愛因斯坦寫道：

最後，我要聲明，在研究這篇文章所討論的問題時，我曾得到我的朋友和同事貝索的熱誠幫助，要感謝他那些有價值的建議。

由這段話可見，貝索在愛因斯坦創建狹義相對論中所發揮的重要作用。以後我們還會一再提到貝索，因為他們之間的關係一直保持到一九五五年他們兩人逝世為止。

在與朋友相處中，愛因斯坦經常表現出他天生的幽默。有一次他對格羅斯曼的弟弟說：「你一定跑不快。」少年問道：「為什麼呢？」愛因斯坦看看少年的大耳朵說：「嗨，這還不清楚嗎？你的耳朵太大，受到的空氣阻力太大了。」

除了這兩個男性朋友以外，愛因斯坦在學校還有一個關係非常密切的女性朋友米列娃，後來她成了愛因斯坦的第一任妻子，他們還生下了一個女兒和兩個兒子。

第四章

失業

$$E=mc^2$$

Albert Einstein

愛因斯坦在大學讀書時，他靠親屬每月給他一百法郎的資助生活，雖說不是很寬裕，但至少可以讓他無憂無慮地度過四年的大學生活。在這四年中，他每月還要省吃儉用地節省出二十法郎作為申請瑞士公民資格的費用。一八九九年十月十九日，愛因斯坦正式向瑞士聯邦委員會提交了公民資格申請書。這時愛因斯坦還有半年多時間就要畢業了，沒有公民資格，他尋找工作就將極為困難。直到一年之後的一九〇〇年十二月十九日，蘇黎世市議會才同意授予愛因斯坦該市公民資格，但還須經過州的批准並繳納手續費四百法郎。在又經過一些調查和繳納州手續費二百法郎後，愛因斯坦終於在一九〇一年二月二十一日成了瑞士公民，並從此在任何情況下都沒有放棄瑞士的國籍，即使在一九四〇年十月一日成為美國公民以後，他也沒有放棄瑞士的國籍。

這件事情讓他高興，他可以開始考慮種種就業的可能性。但他真的沒有預料到，找工作竟然那麼的困難，讓他的心靈受到巨大的折磨。

（一）山窮水盡疑無路

一九〇〇年八月，愛因斯坦獲得了畢業證書以後，很有信心地認為他將會成為韋伯教授的助教。這樣想並不是沒有道理，因為Ｖ１學部的教授們需要好幾位助教，而畢業的學生中絕大部分都是學機械的，學數學、物理的人很少，這次與他同時畢業的學生，連他在內也才只有四人，而學物理的僅他一人。按照以前的慣例，這四位畢業生，只要願意，都可以留在學校做幾年助教。因此愛因斯坦在寫給米列娃的信中表示樂觀態度，並不奇怪。但是愛因斯坦想得太簡單了，韋伯沒有選他為助教，卻反常地選了兩位學機械的學生來當他的助教。顯然，韋伯不喜歡愛因斯坦。這到底是什麼原因呢？

開始，愛因斯坦對韋伯教授的評價很高。一八九八年二月十六日，愛因斯坦給米列娃的信中寫道：「韋伯教授以非常高超的技巧講授了熱學（溫度、熱量、熱運動、氣體動力學）。我殷切地盼望他不斷講授新的課程。」

從愛因斯坦聽韋伯講課時記下的課堂筆記來看，他真是非常認真甚至可以說是畢恭畢敬地聽了韋伯教授的課。韋伯教授曾研究過比熱、熱傳導、電傳導以及黑體輻射，並在講課中討論過這些內容。韋伯「高超的技巧」的講授，應該說曾經激勵過有才能的愛因斯坦，而且從愛因斯坦後來對於熱、電和輻射現象有持久不衰的興趣，更可以看出韋伯對他的影響是不能忽視的。只是隨著愛因斯坦在知識、品格上的日益成熟，以及兩人性格上的差異，兩人之間產生了心結，並日益加深。

韋伯屬於比較保守的和重視實驗研究的物理學家，但愛因斯坦卻屬於理論物理學家的類型，而且比較激進。他

▲ 德國化學家奧斯特瓦爾德

們之間不僅在思考的廣度和深度上有差別，而且研究的方法也大相徑庭。愛因斯坦善於將那些看起來彼此毫不相干的、並非本人的實驗結果結合在一起，並由此大膽地提出新的理論。雖然他也喜歡並重視實驗，但即使在讀書期間，他對理論研究投入的時間和精力也大大超過了對實驗研究的投入。韋伯教授對愛因斯坦這種走了太多「捷徑」的「非正統」的做法，很可能越來越不滿意。

由此我們不難理解韋伯對愛因斯坦的不滿：「特立獨行，我行我素！」更讓韋伯怒氣難消的是，愛因斯坦總是不用「韋伯教授」這個尊敬的稱呼，而是直稱之為「韋伯」或「韋伯先生」，這對於一個講究地位和尊嚴的德國教授來說，可不是一件不值一提的小事。

由多方面原因積累起來的不滿，再加之愛因斯坦的畢業論文不能讓韋伯滿意，只得了四・五分這樣一個極一般的分數，所以韋伯不把助教職位給愛因斯坦，也並不是什麼奇怪的事情。但對於急於找到工作以擺脫經濟上巨大窘迫的愛因斯坦來說，沒有得到這個在他看來必屬於他的職務，實在是難以承受的打擊。

▲ 荷蘭萊頓大學教授昂內斯

他的父親雖然從一八九九年以後擺脫了破產的厄運，在米蘭新建的公司運營得不錯，但新簽的一些合約還得還債，所以當愛因斯坦畢業後失去了親戚每月一百法郎的資助，他父親也還無力支持愛因斯坦的生活。由此可見，愛因斯坦是多麼迫切希望找到工作，讓自己自食其力，不再成為父母的負擔、累贅。可是，這一最起碼的期盼眼看就要破滅了，他真是憂心如焚啊！

過了半個多月，愛因斯坦聽說數學教授赫維茲，那裡有一位叫馬特的助教在一所高級文科中學謀到了教職，因此立刻於九月二十三日寫信給赫維茲教授：「我不揣冒昧最恭謙地詢問：我是否有希望成為您的助教。……預先對您仁慈的回復表示感謝。」在此前大約十天一封給米列娃的信中，愛因斯坦說：「靠上帝的幫助，我很有可能一躍而成為赫維茲的僕人。」

但到了十月十一日，赫維茲把馬特走後空出的位子，推薦給了埃拉特和梅爾茲兩人。愛因斯坦的申請又一次失敗了。當他得知這消息之後，在一封信中寫道：

我沒有獲得職位，靠著幫人補習的鐘點費維持生活——只要我們能偶然碰上幾個就行了。可是這件事仍然很成問題，這豈不是流動工人的生活，或者簡直就是吉卜賽人的流浪生活嗎？然而我相信，即使在這種情況下，我們至少也會跟平常一樣很快活。

愛因斯坦作為科學研究者有一種極不平凡的品格，那就是他能在極不理想的條件下，也幾乎不受干擾地思考和研究。在寫這封信時，雖然生活「仍然很成問題」，過著像「吉卜賽人的流浪生活」，但他並沒有一個勁地為此苦惱，他仍然利用可以利用的時間、條件來從事他感興趣的研究。這時，他對物質分子間力的作用規律提出了一種新的看法，並試圖把它應用於毛細現象。他曾對米列娃說，「儘管看來簡單，卻是全新的」，並且說要到聯邦理工大學「設法找到有關這個題目的經驗材料」。

十二月十三日，愛因斯坦終於完成了他的第一篇科學論文《由毛細現象得出的結論》，並立即把它寄給了《物理學年鑑》。一九〇一年三月一日，這篇論文在德國的《物理學年鑑》上發表了。這一初始的成功，使愛因斯坦和米列娃都十分高興。一九〇一年四月十四日，愛因斯坦從米蘭寫信給格羅斯曼說：「從那些看起來和直接可見的真理十分不同的、各種複雜的現象中認識到它們的統一性，那是一種壯麗的感覺。」

愛因斯坦還以此為契機，在三—四月份向德國其他一些大學教授發出申請函，希望能成為他們的助教。一九〇一年三月九日，他在給萊比錫大學的維納教授的信中寫道：

我冒昧地向您詢問是否需要一名助教，幾天之前，《物理學年鑑》上發表了我的一篇短文……我最謙恭地懇求您寫幾個字通知我，我是否有希望現在或者可能今年秋天獲得一個這樣的職位。

過了十天，他又寫信給萊比錫大學的物理化學教授奧斯特瓦爾德。

尊敬的教授先生：您在普通化學方面的著作激勵我寫出這篇隨信附上的論文，因此我不拘禮節寄上一份給您。藉此機會還想冒昧詢問您，是否有可能使用一位熟悉絕對量度的數學物理學者？我不揣冒昧地提出這個詢問，只因為我一貧如洗，而且只有一個這樣的職位可以給予我進一步提高的可能性。

在蘇黎世已經沒有指望，生活又沒著落，於是愛因斯坦於一九〇一年三月二十三日回到米蘭的家中。這時他一方面繼續向各大學教授申請職位，一方面開始把滿肚子的怨氣向韋伯教授頭上發洩。在三月二十七日給米列娃的信中他說：「我堅信韋伯是有錯的。」當韋伯於一九一二年去世時，愛因斯坦的怒氣似乎還沒有消除，他以一種與平時為人很不相同的方式寫信給朋友章格說：「韋伯之死對聯邦理工大學說來是件好事。」

荷蘭萊頓大學教授昂內斯四月十日，他從米蘭又給奧斯特瓦爾德寫了一封信，為了不讓奧斯特瓦爾德感到他太冒昧，愛因斯坦略施小計地寫道，「尊敬的教授先生：幾周前我冒昧地從蘇黎世寄上小作一篇……因為我非常重視您對它的看法，而我又未能肯定當時附上我的地址，因此不揣冒昧專此奉告。」

四月十二日他又寫信給荷蘭萊頓大學實驗物理教授昂內斯，「尊敬的教授先生：我聽一位大學朋友說，您那裡有一個助教位置還空著。恕我冒昧謀求這個職務。……隨函呈送我新近在《物理學年鑑》上發表的論文抽印本一份……」

這一天，他還給柏林・夏洛滕堡技術大學物理教授帕爾佐夫寫了一封同樣的信。

愛因斯坦的苦惱和怨氣，一定使他的父親赫曼感到撕心裂肺般的痛苦。也許他感到內疚，因而想在力所能及的範圍裡幫助他兒子，於是他寫了一封感人至深的信給奧斯特瓦爾德，希望奧斯特瓦爾德能把他兒子從絕望的困境中拯救出來。赫曼寫道——

尊敬的教授先生：請寬恕一位父親為了他兒子的利益竟敢向您——尊敬的教授先生求助乞援……我的兒子對於他目前的失業深感不幸，認為他的謀生之道已經失去了指望，而且由於孤陋寡聞，他幾乎再也找不到聯繫的管道了。失業越久，這個可怕的念頭就越牢固地盤踞在他心中。此外令人煩惱的是他意識到他成了我們的累贅，而我們是不大富裕的人。

尊敬的教授先生，正因為在當今所有正在工作的物理學者之中，我兒子大概最仰慕您也最尊重您，我才不揣冒昧直率地向您求助，恭請閱讀他發表在《物理學年鑑》上的論文，如有可能，還請寄給他幾行鼓勵的話，他會因此而獲得生活和創作的喜悅。

此外，您若能為他謀求一個目前的或今年秋季的助教職位，我則感激不盡。

我再次請您原諒我的唐突，竟然給您寫這樣的信，並且還得冒昧地再說一句：我兒子對於我這種異乎尋常的做法並不知情。

奧斯特瓦爾德在德國素有伯樂之美譽。一八八四年他在里加工學院當教授時，曾收到一封來自瑞典烏普薩拉大學的信。寫信的人是一個在瑞典備受輕視的年輕學者阿瑞尼斯，他隨信將他的「電離理論」論文寄給奧斯特瓦爾德。在瑞典，「電離理論」被幾乎所有權威化學家否定，阿瑞尼斯只好向國外權威求助。奧斯特瓦爾德慧眼識明珠，立即對這一新的理論大加讚賞，並大力支援處於困

▲ 蘇黎世大學物理學教授克萊納

境中的阿瑞尼斯。最終這一理論戰勝了種種偏見和謬誤，大獲全勝，阿瑞尼斯也於一九〇三年獲得了諾貝爾化學獎。

愛因斯坦也許知道這一個伯樂相馬的故事。但這次奧斯特瓦爾德沒有給予求助者任何回應，也許是因為愛因斯坦發表在《物理學年鑑》上的論文實在太普通，無法激起奧斯特瓦爾德的激情。如果這一次他又像支持阿瑞尼斯那樣支持了愛因斯坦，那奧斯特瓦爾德的伯樂美譽將更加具有傳奇的色彩了！

愛因斯坦的第一篇論文的確沒什麼原創性，如果不是愛因斯坦寫的，早就被封沒在厚厚的灰塵之中了，誰也不會再提起。

愛因斯坦所有的求職努力都失敗了。他的沮喪，他的痛苦，撕咬著父子兩人的心。

就在赫曼為兒子寫信的那天（四月十三日）晚上，愛因斯坦收到了好友格羅斯曼的信，信中格羅斯曼說他的父親向瑞士專利局局長哈勒推薦了愛因斯坦，他的父親與哈勒是多年的同事和朋友。

這個好消息，對愛因斯坦真如大旱雲霓。他那痛苦而緊縮的心，鬆弛了，歡悅了。第二天他立即回信格羅斯曼——

親愛的馬塞爾：昨天我接到你的信時，實實在在為你的誠摯和仁愛所感動，這種精神讓你沒有忘卻你的老朋友和倒楣鬼。……我簡直用不著對你說，要是我能夠得到一個這樣好的工作，那是我的福氣，而且我會全力以赴，絕不玷辱你的推薦。

(二) 柳暗花明又一村

在回信給格羅斯曼的那一天，即四月十四日，愛因斯坦又收到溫特圖爾技術學校雷布施泰因教授的一封信，問他是否願意在五月十五日到七月十五日期間代替教授工作兩個月，因為雷布施泰因教授在這兩個月的時間裡要服兵役。愛因斯坦當然樂意代課兩個月，因為格羅斯曼父親推薦的工作雖然十分理想，但要正式上任至少還得一年多的時間。在這期間做些臨時性工作正合他的意。他在十五日迫不及待地把這兩件好消息告訴了米列娃。關於代課一事，他說：「你可以想像得出，我多麼喜歡這件事啊！」接著他提到令人興奮的格羅斯曼的推薦：

前天晚上我收到馬塞爾的一封信，他在信中通知我，我可能很快就會在伯恩專利局獲得一個永久性的職務！只要這件事成功，我就是極其幸福的！

然後又照例談到科學方面的思考。他說：「我在科學上已經有了一個極其出色的想法，它允許我把分子力理論也應用到氣體上。」

五月五日，愛因斯坦離開米蘭，去離蘇黎世不遠的溫特圖爾。十六日，他開始了兩個月的代課生涯。十七日，愛因斯坦將他的戶口由蘇黎世遷到溫特圖爾。在技校裡，愛因斯坦每週要上三十個小時的課，一開始他還不知道自己能否愉快地勝任，有些忐忑，但後來他發覺他的教學比預想的要好。他在寫給溫特勒爸爸的信中說：「這裡的工作我非常滿意。我從未料到我對教學會這樣喜歡……」更讓他高興的是，在這裡他遇見了以前在阿爾高州立學校的同學沃爾文德。沃爾文德比愛因斯坦大一歲，當時正在一家大的進出口公司任職。他們兩人相見，非常高興。

有了哪怕僅兩個月的臨時性工作，愛因斯坦的心情就已經「陰轉晴」了。但這時他的父親可能又一次處於破產的困境，因為父親請求剛剛找到臨時工作的兒子寄給女兒瑪雅五十——一百法郎。

在溫特圖爾技術學校代課不久，愛因斯坦又開始了熱電研究，並對柏林一位物理學家德魯德的理論有不同看法，想直接與他商榷。大約是六月初，他寫了一封長信給德魯德，信中對德魯德的電子理論提出了不同的意見。大約一個月之後，德魯德回了信。德魯德在回信中當然不同意愛因斯坦的批評，也許還不客氣地批評了愛因斯坦幾句，因為愛因斯坦在七月七日寫給米列娃的信中表示他對德魯德非常不滿：

我……發現德魯德的這封信，對於它的作者之卑劣可恥，倒是一份確實可靠的證據，無須我增補任何說明。從現在起我絕不向這樣的人求助……

愛因斯坦說話可能真如米列娃所說，有些「言語刻薄」了。米列娃在一九〇一年十一月寫給朋友的一封信中說：「他幾乎不可能很快地就找到一個更有保障的工作。你知道我丈夫言語刻薄，而且他還是一個猶太人。」愛因斯坦以前和此後，為人都比較寬容，很少這樣刻薄。可見人在窮困的時候，心靈都會比較脆弱，刻薄的語言也會不自覺地流露出來。

隨著代課任務日近結束，愛因斯坦又開始為求職而忙碌。七月上旬和下旬，他先後向布格多夫技術學校和弗勞恩費爾德州立中學申請一度空缺的職位，但都沒有成功，職位被別的申請者得到。

到這年九月十五日，愛因斯坦來到沙夫豪森，在尼埃施博士辦的私立寄宿學校當私人教師，他與尼埃施博士簽訂了為期一年的合約，因此他在給格羅斯曼的信中說「至少可以有一年不必老是擔心吃飯問題」。有了相對穩定的環境，愛因斯坦立即開始撰寫關於氣體分子力的博士論文。

一九〇一年十一月二十三日，他將論文正式提交給蘇黎世大學，作為他的博士論文。在這之前他曾將論文寄給蘇黎世大學的物理學教授克萊納，請他審閱。但是這篇論

▲ 伯恩市內有名的鐘樓，傳言愛因斯坦因為經常看這個鐘，所以發現了相對論

文的命運坎坷，直到三年之後的一九〇五年才正式被蘇黎世大學接收。

一九〇一年十二月十一日，格羅斯曼給愛因斯坦帶來了好消息，他告訴愛因斯坦，伯恩專利局很快就會登招聘廣告，他還確信這個職位非愛因斯坦莫屬。第二天，愛因斯坦把這個絕佳的好消息寫信告訴米列娃，說「我快樂得暈頭轉向」。

這時，愛因斯坦已經辭去尼埃施博士私立寄宿學校的職務，興沖沖地把戶口遷到了伯恩。這是因為伯恩專利局於一九〇一年十二月十一日在《瑞士聯邦公報》上刊登了招聘廣告，廣告上說年薪為三千五百─四千五百法郎，應徵申請於十二月二十八日截止。專利局局長哈勒先生還給愛因斯坦寫了一封親筆信，敦促他立即申請謀求專利局設立的一個職位。十二月十八日，愛因斯坦向伯恩專利局申請謀求廣告上的職位。在申請信中，他似乎漫不經心地提到了他那一篇發表在《物理學年鑑》上的文章。第二天，他高興地把這件事寫信告訴米列娃：

現在不再有任何疑慮了。格羅斯曼已經向我祝賀了。為了想個方法表示我對他的謝意，我要把博士論文題詞獻給他。……很快你就是我幸福的愛妻了。我們的苦難現在到了盡頭。我現在才看出我有多麼愛你，因為可怕的環境壓力不再壓在我身上了！

什麼時候才能到專利局上班，還暫時不知道。但愛因斯坦已經急不可待地辭去了尼埃施的教師職位，在一月三十日將戶口遷出沙夫豪森。

到了伯恩，愛因斯坦在當地的報紙《伯恩市公報》上登了一個「私人授課廣告」：「願為大學生和中小學生提供最全面透徹的數學和物理鐘點補習。阿爾伯特・愛因斯坦，持有蘇黎世聯邦理工大學專業教師證書。正義巷三十二號二樓。免費試講。」

幸運的是，私人授課廣告登出沒有幾天，就有兩位主顧找到了號愛因斯坦。

▲「奧林匹亞科學院」的成員　，左起：哈比希特、索洛文、愛因斯坦

第五章

伯恩專利局

Albert Einstein

伯恩位於瑞士中部阿勒河兩岸，是瑞士的首都和政治文化中心。它始建於十二世紀，由於特殊優越的地理位置，它在一八四八年就被指定為首都。對於愛因斯坦來講，伯恩無論從什麼意義上來說，都是他的福地。他的人生之旅就是在這裡發生了根本性的變化。一九〇二年六月，他被瑞士專利局錄用，從此結束了那顛沛流離的、可能扼殺他智力的失業生活；一九〇三年一月，他和米列娃終於在突破種種障礙後結下秦晉之好，接著他的兩個兒子漢斯和愛德華分別於一九〇四年和一九一〇年在伯恩出生；更為重要的是，他於一九〇五年在專利局工作時發表了四篇劃時代的論文，其中的每一篇都可以使他在科學史上流芳百世。正是在這個當時人口不足十萬的小城市裡，愛因斯坦的智慧、他的原創性理論，震撼了世界，並從此改變了人類的文化、思想和進程。一個可以與牛頓媲美的科學偉人從伯恩走向了世界。

愛因斯坦永遠不會忘記伯恩。

伯恩因為有了愛因斯坦而從此被人們銘記。

到了伯恩之後，愛因斯坦立即寫信給米列娃：「伯恩是討人喜歡的。一個古色古香、十分舒適的城市……我幸運地逃出了那個令人感到不快的環境，這使我非常欣慰。」

為了在到專利局正式上班之前能維持生活，他登了廣告，為需要各種補習的學生講課。很快就有兩個主顧找上門來。一個是沙凡，另一個是以前就與愛因斯坦認識的哈比希特。這兩位顧主一位是工程師，一位是建築師，他們大約從二月十日的晚上開始補習功課，每人每小時付愛因斯坦兩個法郎。沙凡和哈比希特很快就成了愛因斯坦的好朋友，尤其是哈比希特，與愛因斯坦似乎有討論不完的話題。

哈比希特是沙夫豪森一位銀行董事的兒子，曾經先後在蘇黎世大學、慕尼黑大學和柏林大學學習哲學、數學與物理。愛因斯坦在沙夫豪森的私人學校教書時，認識了哈比希特；後來愛因斯坦到伯恩，哈比希特正好在伯恩大學學習數學。哈比希特發覺伯恩大學講物理學的福爾斯特教授的水準實在不怎麼樣，而愛因斯坦也看不起福爾斯特教授，認為他的講課只不過停留在初級水準上，不僅無益於學生，還會損害物理學的聲譽，於是哈比希特晚上常到愛因斯坦這裡來聽他講物理學。

一九〇二年三月下旬，一位叫索洛文的伯恩大學哲學系的學生找到了愛因斯坦的家。索洛文

▲ 愛因斯坦與米列娃的結婚照

曾特地撰文記述了他們的初次見面。

一九〇二年復活節假期中的一天，我在伯恩街上散步，買到一份報紙，發現上面有一廣告，寫著：阿爾伯特・愛因斯坦，蘇黎世聯邦理工大學畢業生，每小時物理課三個法郎。我自己忖度，也許這個人可以向我透露理論物理學的祕密。因此我向廣告所示的位址走去。……在我進了他家並就坐以後，我向他說：我是學哲學的，但是我也很樂意盡可能加深我的物理知識，以便獲得基本的科學知識。他告訴我，他在更年輕的年紀，對哲學也有極大的興趣，但由於哲學中流行著不明確性和任意性，他改變了愛好，現在他只鑽研物理學了。這樣，我們交談了兩小時左右，談得海闊天空。我們都認為我們的思想是廣泛一致的，這使我們相互吸引。當我辭別時，他陪我出來，我們在街上又談了一個半小時，並約定第二天再見。

當我們再見面時，我們又繼續討論第一天晚上中斷的問題，而把講物理課的事完全忘掉了。第三天我又去看他。在我們討論了一些時候以後，他說：「坦白說吧，你不用聽物理課了，跟你討論物理問題要有意思得多。你還是完全不拘形式地來看我吧，我很高興和你談天。」所以我就更經常地到他那裡去。而我愈瞭解他，就覺得他愈吸引我，我對他洞察和精通物理問題的非凡能力很驚訝。他絕不是一個卓越的講演者。……他在解說時講得很慢而又單調，可是思路驚人的清晰。為了使一種抽象思想較易理解，他常常利用日常生活經驗的例子。愛因斯坦運用數學工具雖然無比精準，但他常常講到要反對在物理學領域中濫用數學。他這樣說：「物理學按其本質是一種具體的和直覺的科學。數學只為我們提供方法來表述現象所遵循的規律。」

愛因斯坦有了這幾位朋友以後，生活倒是不寂寞了，每天在看書、爭論、思考中愉快地度過，但是經濟上仍然窘迫得很。他父親由於不斷地奮鬥和不斷地失敗，心情非常憂鬱，結果影響了健康，到一九〇二年四月，父親的健康狀況已經很糟糕了，這不能不讓愛因斯坦感到難過。更讓愛因斯坦傷心和為難的是，他的父母不僅仍然不同意自己與米列娃的婚事，而且持強烈的反對態度。

雖然貧困，但共同的愛好和對知識的渴求，使愛因斯坦、索洛文和哈比希特三人聚集在一起，利用晚上的時間共同學習和研討大師們的著作。在學習中，他們完全忘卻了生活的

▲ 瑞士伯恩專利局，愛因斯坦在這兒工作了七年（1902-1909年）
（照片上的是新建的專利局，在愛因斯坦街2號，舊的已經拆除）

窘困，那種精神上的充實和歡樂，只能用古希臘哲學家伊壁鳩魯那句「歡樂的貧困是件美事」的話來描述。在學習的過程中，愛因斯坦還會不時拉一拉小提琴，為大家助興。餓了，按愛因斯坦的「理論」，必須來一點晚餐。所謂的晚餐當然非常簡單，只不過一點香腸，一塊乾酪，一點水果，一兩杯茶，或一點蜂蜜水。

三個歡樂的年輕人為他們的這種「學術聚會」取了一個了不起的名稱：奧林匹亞科學院。這大概是仿照的兩千年前柏拉圖那個學院的名稱。這個「科學院」從一九〇二年七、八月份「成立」起，一直活動到一九〇五年十一月，索洛文離開伯恩到法國里昂大學求學為止。我們可以看到，愛因斯坦科學創造達到巔峰的時期（一九〇五年前後），正好是他在「奧林匹亞科學院」積極活動的時期，這兩者肯定有密切的關係。

一九〇二年六月，愛因斯坦的噩運終於結

▲ 愛因斯坦紀念館（1903年愛因斯坦住的伯恩小商場街49號2樓的一個房間）

束。六月十九日，瑞士司法部通知愛因斯坦，聯邦委員會於六月十六日會議上「已經遴選您臨時為聯邦專利局三等技術專家，年俸三千五百法郎」。同日，瑞士專利局也通知愛因斯坦被臨時錄用，並告知他至遲於七月一日到任，當然，「可以提前上任」。愛因斯坦得知這一消息，其高興和激動是完全可以想像的。他於六月二十三日（星期一）提前上任。從此，愛因斯坦有了寧靜的生活環境，可以保證他無憂無慮地去思考、追尋科學原理的基礎。

愛因斯坦上任後不久，他的父親於一九〇二年十月十日在米蘭去世。愛因斯坦及時趕到米蘭，為年僅五十五歲的父親送終。在生離死別這一人生最痛苦的時刻，愛因斯坦終於得到雙親的許可：他可以與米列娃結婚。當赫曼意識到自己將告別人世時，他請求讓他一個人留在臥室裡，這樣他可以給活著的人留下尊嚴的形象，而不讓家人看到他在痛苦中掙扎的可憐樣子。他，獨自一人離去了。以後，每當愛因斯坦想到這一時刻，他就感到傷心欲絕，一種深深的負罪感讓他無法平靜。他知道，因為他堅持與米列娃結婚，深深傷害了父親和母親。這種傷害使他終生不能原諒自己，並且為他的這次婚姻留下了潛在的、不可彌合的裂痕，並導致最終的分手。

一九〇三年一月六日，愛因斯坦與米列娃結婚，證婚人是哈比希特和索洛文，雙方家長都沒有參加婚禮。登記後，幾個人到飯店簡單地慶祝了一番。他和米列娃很晚才回到位於蒂利爾街剛租來的一所漂亮樓房裡。像以後經常會發生的情形一樣，愛因斯坦這天晚上忘了帶鑰匙，他們只好把房東叫起來開門。

愛因斯坦終於有了一個家，而且這個新家很合他和米列娃的心意，它有一個大陽臺，在陽臺上可以欣賞遠處阿爾卑斯山的美麗景色。有了這個家，愛因斯坦可以利用晚上的時間和朋友或妻子探討科學的基礎，而米列娃不僅可以使不拘小節、不重儀表的愛因斯坦安心地、全心全意地思考，而且她又可以聆聽愛因斯坦如潮水般湧來的新思考。這使愛因斯坦能毫無阻礙地、狂熱地宣講自己思考的結果，米列娃也可以分享愛因斯坦的歡樂，而且她還可以向他提出疑問，幫他錘煉不夠成熟的思想毛坯。什麼是志同道合？愛因斯坦和米列娃就是最好的例子。雖然以後愛因斯坦和米列娃由於種種原因分手，但米列娃對愛因斯坦的巨大成功是有所貢獻的。

除了家庭條件之外，愛因斯坦在伯恩工作時還有了良好的環境。這個良好的環境就是專利局和「奧林匹亞科學院」，它們對於愛因斯

▲ 愛因斯坦紀念館外景

坦的成功也有著重要的作用。首先我們來看看愛因斯坦在伯恩專利局的工作。

專利局那時剛成立，名稱還不是專利局，而是「聯邦精神財產局」，它的第一任局長是由土地測量局調來的機械工程師哈勒，在土地測量局哈勒也是局長。哈勒是一位堅強、善良、有邏輯頭腦和有個性的人。他很直率，愛因斯坦剛上班時，哈勒就直率而誠懇地對愛因斯坦說：

你是學物理的，你對製圖一點也不懂，你必須學會看技術圖，讀測量資料。在你還沒有做到以前，我不能正式錄用你。

愛因斯坦直到一九〇四年九月十六日才被正式錄用，到一九〇六年四月晉升為二等技術專家，年俸為四千五百法郎。

對於如何審閱專利，哈勒做了如下訓示：

你們著手審查時，你們要設想，發明者所說的全是假

▲ 愛因斯坦、米列娃和他們的大兒子漢斯

話。如果你們不這樣想，順著發明者的思路走去，你們就會受束縛。你們始終要有批判的眼光，要警惕。

從批判的、反駁的立場去審查各種專利申請，這種思考問題的方法對年輕的愛因斯坦實在太有好處了，因為這可以使他思想敏銳起來；而且這種批判的方法也給愛因斯坦帶來許多樂趣。愛因斯坦很喜歡這種工作，也很適應這種批判的氛圍。對哈勒，他長期懷有感激之情，他曾經對人說：「就個人關係來說，在專利局工作是很愉快的，專家們之間的關係誠懇而又親切。局長哈勒是一個出類拔萃的人物，精明能幹。他那種直率的方式是很容易習慣的。我對他的評價很高。」

在專利局工作的七年多時間裡，愛因斯坦總共寫了三十篇科學論文，創立了狹義相對論，提出了光量子假說，用布朗運動證實了原子的存在，開始構思引力理論，為廣義相對論奠定了基礎……這一切成就的取得，愛因斯坦自己認為和專利局的工作有必然關係。他在《自述》中深情地回憶了他的這段經歷：

在（伯恩）我的創造性活動最豐富的一九〇二—一九〇九這幾年當中，我不用為生活而操心。即使完全不提這一點，明確規定技術專利權的工作，對我來說也是一種真正的幸福。它迫使你從多方面思考，它對物理的思索也有重大的激勵作用。總之，對於我這樣的人，一種實際工作的職業就是一種絕大的幸福。因為學院生活會把一個年輕人置於這樣一種被動的地位：不得不去寫大量科學論文——結果是趨向於淺薄，這只有那些具有堅強意志的人才能頂得住。

在伯恩時期，「奧林匹亞科學院」的業餘科學活動，對愛因斯坦的脫穎而出也有重要的作用。對於處在成長過程的人來說，爭論其實就是一種激勵和解放。「奧林匹亞科學院」的三個成員，除了一起學習科學和哲學的名著以外，還讀了一些文學作品，如拉辛、狄更斯和賽凡提斯的作品。在學習以外，他們各抒己見和彼此批評。

伴隨著學習的是長時間的激烈爭論。索洛文在他的回憶中生動地描述了他們之間的爭論：

對於長時間的激烈爭論，遺憾的是我現在簡直無法描繪出一幅適當的景象。有時我們念一頁或半頁，有時只念了一句話，立刻就會引起激烈的爭論，而當問題比較重要時，爭論可以持續數日之久。中午，我時常到愛因斯坦的工作處門口，等他下班出來，我們立刻繼續前一天的討論。「你曾說……」，「難道你不相信這一點嗎？……」或者「對我昨晚所講的，我還要補充這樣一點……」

這些「長時間的激烈爭論」對愛因斯坦思想的發展確實產生了深刻的影響。一旦他有什麼新的想法，他就會向朋友們提出來，大家共同討論。除了「科學院」的兩個朋友以外，在伯恩時期他還有一位很好的朋友，那就是貝索。貝索是一個愛吹毛求疵的人，他常常會從意料不到的角度給愛因斯坦的設想或公式，提出很有深度的批評或建議。如果愛因斯坦提出了驚人的新觀念，他就會激動地說：「如果它們是玫瑰，它們就會開花。」

一般來說，愛因斯坦終生都是比較孤獨的，他似乎不必從別人那裡尋求啟示，但他還是願意向不多的幾個朋友（到後期多是向助手）談到自己的思考，注意他們的反應並與他們進行心靈上的溝通。但他從不和朋友過分親密（包括他的兩任妻子），他不希望別人干擾他心靈中的自由思考。他認為這樣他可以「在很大程度上不為別人的意見、習慣和判斷所左右……」，這句話是一九三〇年寫的。近三十年前，在伯恩的愛因斯坦還非常年輕，這時他還比較願意與朋友們交談、爭論，聽取他們的意見，改正自己的某些不合適的想法，但越到以後，他越傾向於孤獨——「與年俱增」。孤獨是思維的伴侶，但是一般人耐不住孤獨和寂寞。

一九〇三年前後，愛因斯坦和他的朋友們也會做出許多年輕人會做的趣事。據說，有一次有一位大音樂家到伯恩來巡迴演出，按以往的慣例，「科學院」的三位「院士」會一起去音樂廳，但這次不巧，他們正興致勃勃地讀哲學家休謨的書，實在放不下手。於是，他們三個決定按愛因斯坦的建議行事，放棄音樂會，到索洛文那裡繼續讀休謨的書。

可是第二天晚上，索洛文硬是被朋友拉去聽音樂演奏。臨走時，索洛文為兩個夥伴預備好他們愛吃的煮雞蛋作為宵夜，並留下一張便條：「親愛的朋友們——請吃雞蛋，並致敬意！」

愛因斯坦和哈比希特讀了便條。他們讀完書、吃完宵夜後，在房裡猛抽了一頓菸才走。走前也留下一張便條：「親愛的朋友——請嘗濃菸，並致敬意！」

啊，年輕人是多麼值得羨慕啊！正像英國偉大作家莎士比亞所說：「青春充滿歡樂，青春像夏

▲英國著名物理學家開爾文爵士

日清晨，青春生氣勃勃，青春歡樂無限，青春矯健，青春冒失、魯莽，青春熱血；青春，我愛慕你！」

由於專利局的工作，愛因斯坦終生保持了對技術、實驗的興趣。當他的大兒子漢斯會玩玩具時，他曾用火柴盒為漢斯做了一個小纜車，漢斯高興極了。後來漢斯在回憶中說：「這是我當時最好的玩具之一。只用一點細線和火柴盒，他竟然能夠做出這麼有趣的玩具！」

一九〇四年五月十四日，他的長子漢斯・愛因斯坦出生，愛因斯坦高興極了。這時他們已經於一九〇三年十一月搬到小商場街四九號二樓（現在是愛因斯坦紀念館）。房間很小，前後有兩間房，連成一個通間；前半間稍大一點，大約二十平方公尺，後半間很小。門邊隔出了可以放一張書桌的小空間（現在在那張桌前的牆壁上，貼著$E=mc^2$的公式，還注明：一九〇五年，突破性的一年）。順樓梯往下，在轉彎處是兩家共用的衛浴。顯然，居住條件並不好，但是愛因斯坦已經十分滿足了。

在漢斯出生前一個月，他就給哈比希特寫信說：「過幾個禮拜我們家將會有一條小狗。」

此後，人們經常可以看見愛因斯坦一邊推著一輛嬰兒車，一邊思考正在他大腦中湧現的嶄新的科學思想……非常令人奇怪的是，正是在結婚、生孩子、熟悉專利業務……這忙得不可開交的時期，愛因斯坦迅速迎來了他畢生科學創造的巔峰。

一九〇五年，從三月十七日到六月三十日，在短短的三個半月的時間裡，伯恩專利局的三等技術專家，創造了人類文明史上令人驚訝的奇蹟，他連續發表了四篇極其重要的論文。三月份的論文「非常有革命性」，使他成為量子理論的三大教父之一，十六年後他因此獲得了諾貝爾物理學獎；四月份的論文是他的博士論文，使他成了蘇黎世大學的博士；五月份的論文使他成了統計力學的創始人之一，而且由此論文而設計的實驗，使得原子分子假說第一次被實驗證實，原子假說從此不再有人反對；六月底的論文使他創建了徹底改變人類時空觀的狹義相對論。此前在科學史上還從來沒有一個人在這麼短的時間內，完成如此之多和如此重要的貢獻。

第六章

一九〇五年——奇蹟的一年

Albert Einstein

英國著名物理學家彭羅斯說：

在二十世紀，我們極其幸運地目睹了我們世界的物理圖像的兩次重大革命。第一次革命推翻了我們的空間和時間觀，把兩者結合為我們現在稱之為時空的東西，人們發現這種時空以一種微妙的方式彎曲著，從而引起人們早就熟悉的、無處不在而又神祕的引力現象。第二次革命完全改變了我們理解物質和輻射本性的方式，給了我們一種實在的圖像，其中粒子的行為像是波，而波的行為像是粒子，我們通常的物理學描述變得具有本質上的不確定性，而一個物體可以同時在幾個地方呈現其自身。我們用「相對論」一詞概括第一次革命，而用「量子論」概括第二次革命。兩者現在都已通過觀測得到確認，其達到的精確度在科學史上乃是空前的。

……特別令人驚奇的是一位物理學家——阿爾伯特・愛因斯坦——對自然界有如此非凡的洞察力，以至於在一九〇五年這一年中，就為二十世紀的這兩次革命奠定了基礎。

十九世紀末，經典物理學獲得了全面的發展，形成了以古典力學、電磁場理論和經典統計力學為三大支柱的理論體系。這一理論體系，可以說已經達到了相當完整、系統和成熟的地步，因而有一種樂觀主義的情緒認為，物理學已經充分掌握了理解整個自然界的原理和方法，相當多的物理學家深信，已經發現的物理定律適合於任何情況，永遠不會被改變；此後的工作，無非是把兩個方面的理論結合起來：一個是以不能分割的原子的概念為基礎的物質力學理論，另一個是以充滿連續彈性介質為基礎的乙太理論。這一步工作一旦完成——他們也深信不疑它必將迅速完成，物理學科將無事可幹，剩下的工作只需將物理常數的測量值精確到小數點後面幾位。

正當一部分人沉湎於樂觀主義氣氛中時，物理學的發展卻與這種過分樂觀的願望恰好相反。在十九世紀末到二十世紀初一段不太長的時間裡，由於一系列實驗中的新發現，一場激烈的科學革命迅速爆發，並以極快的速度滲透到物理學各種最基本的思想和原理之中。

一八八一年是十分重要的一年。這年八月，美國《科學雜誌》發表了年輕的美國物理學家邁克爾遜的文章。文章中邁克爾遜聲稱，他首次用實驗證實：「乙太靜止的假設被證明不正確，這個假設肯定是錯誤的。」

接著，一八九五年德國慕尼黑大學教授倫琴發現X射線，一八九六年法國物理學家貝克勒爾發現放射性，一八九七年英國卡文迪許實驗室主任湯姆森發現電子……這種種發現，嚴重地衝擊著經典物理學傳統的物理思想。物理學面臨嚴重的危機，連素以保守著稱的英國科學界元老開爾文，也不得不於一九〇〇年四月二十七日，在英國皇家學會的演講中承認：「動力學理論……的優美性和明晰性被兩朵『烏雲』遮蔽得黯然失色了。」

第一朵「烏雲」涉及的是力學、電磁理論中最基本的物理思想問題，第二朵「烏雲」涉及的則是氣體分子運動理論。我們先來看看第一朵「烏雲」是什麼。

當時，幾乎所有物理學家都相信，由於馬克士威理論的輝煌成功，傳播電磁波的載體乙太，就代表了「絕對空間」。既然代表了絕對空間，當然就可以透過「精密的」實驗，測出乙太相對於地球的「絕對運動」。許多物理學家都投入這個實驗中，但是，直到一八八七年，邁克爾遜・莫雷實驗再次否定了乙太有相對於地球的「絕對運動」以後，物理學家才大夢初醒，認識到了問題的嚴重性。勞倫茲憂慮重重地說：「我現在不知道怎樣才能擺脫這個矛盾，……我們也許根本就不會有一個合適的理論了。」他甚至懷著僥倖的心理問道：「在邁克爾遜先生的實驗中，是不是還會有一些迄今仍被看漏的地方？」

第二朵「烏雲」涉及的是經典物理學另一個支柱：熱力學和分子運動論。這方面的情形太複雜，這裡就不多涉及了。

一九〇五年，兩朵「烏雲」開始消散，這與愛因斯坦在這年發表的四篇論文有很大的關係。正如德布羅意所說：「他的（在一九〇五年的四篇）論文可以被比作光彩奪目的火箭，它們在黑暗的夜空突然畫出一道道短促但又十分強烈的光輝，照耀著廣闊的未知領域。」

下面我們只講述愛因斯坦在一九〇五年發表的三篇論文。

（一）六月的論文：狹義相對論

一九二二年一月，愛因斯坦在日本京都發表過一次演說，題目是「我是如何創造相對論理論的」。在這次演說中，愛因斯坦回憶了一九〇五年他的思想變化的根本原因。在一九〇五年以前很長的一段時間裡，他一直思考著一個很困難的問題：他相信馬克士威的方程式是正確的，它告訴我們光速是不變的；但是，光速不變性與古典力學的速度相加規則又直接發生衝突。

總之，利用力學中速度合成法則可知：對不同的參照系，光速不會是一個常數。要解決這一矛盾確非易事。愛因斯坦自己也承認：「為什麼這兩個概念相互矛盾呢？我知道，這個難題的確不容易解決。我花了將近一年時間徒勞地試圖……解決這個問題。」為什麼會發生衝突呢？他「毫無結果地思考了幾乎一年時間」，他發現這個問題「是一個根本就不容易解決的難題」。但後來終於奇蹟般地解決了，愛因斯坦在演講中這樣說道：

沒想到在伯恩的一個朋友幫了我的忙。有一天，天氣真是好極了，我去拜訪他，我和他開始了談話。「最近有一個很困難的問題，我無法解釋。今天我來，就是想就這個問題與你討論一番。」我和他討論了許久，突然，我知道問題的癥結了。第二天，我又去找他，還沒有問候他，我就急忙地對他說：「謝謝你，困難的問題已經完全解決了。」我解決的正是時間這個概念。時間這個概念本來是不能給一個絕對的定義的，但是時間和訊號速度之間有著不可分割的關係。有了這個新的概念，前面所說的困難就全部迎刃而解。五個星期之後，狹義相對論就完成了。

在牛頓力學中有一個著名的原理叫「伽利略相對性原理」，這個原理告訴我們，根據在慣性系中發生的任何一種現象，都無法判斷慣性系本身的絕對運動狀態。例如，當你乘坐一艘大輪船時，如果你在船艙裡，看不到船外岸上的東西，且船在等速前進（物理學稱為「慣性系」），那麼你無論做什麼力學實驗，都沒有辦法知道自己是否在運動。你向熱水瓶裡倒開水，與在家裡倒開水時一樣，沒有任何不同。伽利略用他的等速行駛的「薩爾維阿蒂大船」來說明這一點：

把你和一些朋友關在一條大船甲板下的主艙裡，讓你們帶著幾隻蒼蠅、蝴蝶和其他小飛蟲，艙內放一個大水碗，其中有幾條魚。然後，掛上一個水瓶，讓水一滴一滴地滴到下面的一個寬口罐裡。船停著不動時，你留神觀察：小蟲都以等速向艙內各方向飛行，魚向各個方向隨便游動，水滴滴進下面的罐中，你把任何東西扔給你的朋友時，只要距離相等，向這一方向不必比向另一方向用更多的力。你雙腳起跳，無論向哪個方向，跳過的距離都相等。在你仔細地觀察這些事情之後，再使船以任何速度前進，只要運動是等速，也不忽左忽右地擺動，你將發現，所有上述現象絲毫沒有變化，你也無法從其中任何一個現象來確定，船是在運動還是停著不動。即使船運動得相當快，在跳躍時，你將和以前一樣，在船底板上跳過相同的距離，你跳向船尾花的時間也不會比跳向船頭花得多——雖然你跳向船尾時，你腳下的船底板向著你跳的相反方向移動。不論你把什麼東西扔給你的同伴時，不論他是在船頭還是在船尾，只要你跟他的距離不變，你也並不需要用更多的力。水滴將像先前一樣，滴進下面的罐子，一滴也不會滴向船尾。雖然水滴在空中時，船已行駛了一會兒。魚在水中游向水碗前部所用的力，並不比游向水碗後部更大，牠們一樣悠閒地游向放在水碗邊緣任何地方的食餌。最後，蝴蝶和蒼蠅繼續隨便地到處飛行，牠們絕不會向船尾集中，牠們也並不因為可能長時間停留在空中，脫離了船的運動，就為趕上船的運動而顯出累的樣子。

薩爾維阿蒂大船說明了一條極為重要的真理：從船中發生的任何一種現象，你無法判斷船究竟是在運動還是在停著不動。現在稱這個論斷為「伽利略相對性原理」。這也就是說，在一個慣性系中能看到的任何現象，在另一個慣性系中必定也能沒有任何差別地看到。所有慣性系都是平權的、等價的，不存在一個優越的、絕對的慣性系，以它作為標準來判斷其他慣性系的運動。這一原理的建立，是物理思想史上一個重要的突破。

但這個在力學中普遍成立的原理，在馬克士威的電磁場理論裡不再有效了，因為物理學家們普遍同意，存在著一種「絕對靜止的乙太」，馬克士威方程式組得到的光速，正是以這種乙太作為絕對參照系

▲ 伽利略的勻速行駛的「薩爾維阿蒂大船大船」上，所有的力學實驗，都沒有變化

的；這也就是說，人們可以用「乙太」作為絕對參照系，來判斷其他慣性系的運動。

在邁克爾遜・莫雷實驗以前，幾乎沒有人認真考慮過這種極不和諧的現象。愛因斯坦經過深入考慮之後，認為只有把相對性原理提高到「主導原則」上來考慮，才能解決前面提到過的種種不對稱性問題。愛因斯坦指出：「諸如此類的例子，引起了一種猜想：絕對靜止的概念，不僅在力學中，而且在電動力學中也不符合現象的特性，……我們要把這個猜想（它的內容以後就被稱為『相對性原理』）提升為公設。」

他還指出，相對性原理是「對自然規律的一條限制性原理」。

擴展相對性原理的適用範圍，是二十世紀物理學發展歷程中一個極重要的方向，受益的不僅僅是相對論，量子力學的發展同樣也受到這一重要思想的指引。

相對性原理從力學領域擴大到電磁學領域以後，絕對靜止的乙太自然就被否定了。人們又一次從自己製造的一種絕對概念的束縛中解放出來。但前面提到的嚴重的困難——光速對所有慣性參照系都不變，與力學中的速度合成法則相矛盾，仍然沒有解決。

在「徒勞」地思考這個矛盾一年之後，愛因斯坦終於領悟：問題出在一個最不容易被人懷疑的基本思想觀念，即「同時性」的問題上。古典力學中的速度合成法則是以「同時性的絕對性」為基礎的，即在所有不同的參照系中，同時性是絕對的。

愛因斯坦說：「時間這個概念不能被絕對定義，時間與信號速度之間有不可分的關聯。使用新概念，我第一次完滿地解決了整個問題。」他還指出：「只要時間的絕對性或同時性的絕對性這條公理不知不覺地留在潛意識裡，那麼任何想要令人滿意地解釋這個悖論的嘗試，都是註定要失敗的。」

由於肯定了同時性在不同慣性參照系裡是相對的，愛因斯坦才得以拋棄古典力學的速度合成法則，把光速不變作為一條基本原理，與相對性原理一起，將之作為新力學的理論基礎。如果從經典物理學思想來看，這兩條原理是無法相容的，但事實上它們在本質上是相容的。

▲ 湯普金斯先生發現騎車的人難以置信地縮扁了！（摘自伽莫夫《物理世界奇遇記》）

有了這兩條基本原理，愛因斯坦便輕而易舉地得到不同慣性系時空的變換關係，以及由此而引出的一些運動學和動力學上的種種效應。狹義相對論就這樣誕生了。

(二)三月的論文:「最具革命性的」光量子假說

導致二十世紀物理學革命的重大問題之一是黑體輻射問題。

在這場革命中,邁出第一步的是年過四十的普朗克。普朗克開始研究熱輻射是在一八九六年。

在做了艱苦的研究之後,一九〇〇年十月二十四日,普朗克在德國物理學會上宣布了自己大膽的假設:光在吸收和發射輻射時,能量不按經典物理學規定的那樣必須是連續地吸收和發射,而是按不連續的、以一個最小能量單元整數倍地、一小包一小包地吸收和發射。這個最小的、不可分的能量單元,普朗克稱之為「能量子」,其數值大小($\varepsilon = h\nu$),(ν)是光的頻率,(h)叫「作用量子」,即普朗克常數。以後,人們將這個日子定為「量子論」的誕生之日。

普朗克的量子理論,在發表後近十年內,一直很少受人注意。連普朗克自己都不大相信自己的量子論。到一九〇九年,他還告誡自己和別人:「在將作用量子(h)引入理論時,應當盡可能保守從事,這就是說,除非業已表明絕對必要,否則不要改變現有理論。」

但是愛因斯坦卻很快把普朗克的量子論「冒失地」向前大大推進了一步。一九〇五年三月,愛因斯坦在一篇文章中指出:光不僅僅是像普朗克所說的那樣在發射和吸收時不連續地進行,而且在空間傳播時也是不連續的。

他把這些不連續的能量子取名為「光量子」（後來稱為「光子」）。光的強度取決於光量子在某點上的數目。不過，這數目只是一種統計上的平均值。

愛因斯坦的所謂「啟發性觀點」，就是通過光量子假說斷言光具有量子性質，像一個一個極小的粒子。

愛因斯坦的光量子理論，極完滿地闡明了十幾年來人們一直無法用經典電磁理論解釋的「光電效應」這一難題。儘管如此，愛因斯坦的光量子理論一提出來，立即遭到幾乎所有物理學家的反對。連首先提出能量子概念的普朗克，也認為愛因斯坦「在其思辨中有時可能走得太遠了」，並一再告誡物理學家們應以「最謹慎的態度」對待愛因斯坦的光量子說。

愛因斯坦的狹義相對論和光量子假說提出來以後，由於它們太新穎，與經典理論相去太遠，所以一開始幾乎沒有人相信。他的一個學生英費爾德曾經說過：「這些新概念的影響是什麼？起初幾乎一點也沒有。……愛因斯坦的論文發表後，並沒有潮水般的文章緊隨其後，而是過了大約四年光景才開始有反應。」

▲ 德國柏林大學教授普朗克

在科學史上，這種情形相當普遍：越是具有革命性的學說，越是難以被科學界的人接受。愛因斯坦的學說在二十世紀之初，具有非常革命性的價值，所以它們一時難以被接受是很正常的事情。但是，到了二十世紀二〇年代，愛因斯坦的學說終於被科學界全部認可，而愛因斯坦本人也順理成章地成為當時和至今最偉大的物理學家之一。

第七章

蘇黎世大學副教授和引力問題初探

Albert Einstein

在伯恩專利局得到了技術專家的職務，這對愛因斯坦來說是人生的一個轉捩點。他有了不低的穩定收入，經濟上獲得了獨立，不再會因為生活的困頓而絞殺他無與倫比的智慧。而且，他工作不久就與米列娃結了婚。能與自己鍾愛的，尤其是可以進行知識交流的女友結婚，這也是人生一大快事。對於絕大部分的人來說，成家、立業這兩件事是人一生中最重要的、甚至是全部的內容。但是對於愛因斯坦來說，職業和家庭並不是生活全部的意義，甚至不是最有意義的部分，他不會因此得到真正的滿足。

一九〇五年八月底，他在寫給哈比希特的信中說：「想一想吧，每天八小時工作時間，剩下八小時空閒，還有星期日。」這八小時空閒加上星期日，被愛因斯坦用於「課外無聊的消遣」上。這「無聊的消遣」是一九〇五年橫空出世的四篇論文，是他在一九〇九年以前的許多劃時代的研究成果，其中包括比熱容研究和廣義相對論的初始研究。可以說，這些「無聊的消遣」才是他生活的真正內容，只有這些研究才會讓他得到滿足。他曾在《我的世界觀》一文中表達了自己的信仰：

每個人都有一定的理想，這種理想決定著他的努力和判斷的方向。就在這個意義上，我從來不把安逸和享樂看作是生活目的的本身——這種倫理基礎，我叫它豬欄的理想。照亮我的道路，並且不斷地給我新的勇氣去愉快地正視生活的理想，是善、美和真。……人們所努力追求的庸俗的目標——財產、虛榮、奢侈的生活——我總覺得都是可鄙的。

凡把追求真善美作為生活真諦的人，大都比較喜歡孤獨，願意與周圍的人包括自己的親人保持一定的距離，這樣可以使他的思索更深邃和不受制於人。一位叫布萊基的詩人說：「交談使人思維敏銳，但只有在孤獨之中，人才能聆聽到上帝的聲音。」美國詩人愛默生則說：「珍惜你的靈魂，驅走你的夥伴，養成獨處的習慣，這樣，你的才智就會日臻完善。」

▲ 德國著名物理學家勞厄

但是，愛因斯坦也並非那種絲毫不和外人接觸而獨自一人發展自己觀念的人。他還是願意與自己選定的夥伴自由地交談，在年輕時更是如此。在伯恩專利局時，他主要的交談或交流思想的夥伴是貝索和哈比希特。尤其是貝索，當他們不在一起時，他們就用信件交流思想。愛因斯坦雖然鍾情孤獨，但他也絕不是自我封閉的人。事實上他在談到自己「實在是一個『孤獨的旅客』時」，也強調說：「要是沒有志同道合者之間的親切感情，除非全神貫注於客觀世界……否則在我看來，生活就會是空虛的。」

一九〇六年夏天，普朗克的助手勞厄決定到伯恩見一見愛因斯坦，因為普朗克對愛因斯坦讚賞有加，而且勞厄本人也有許多問題想與愛因斯坦面談。勞厄原來以為愛因斯坦至少是伯恩大學的教授，哪裡知道他要找的天才，卻只是伯恩專利局的職員，這讓他著實大吃一驚。他到專利局找愛因斯坦時，又發生了一幕喜劇。勞厄曾把這個故事講給別人聽：

我事先聯絡好，我到專利局去拜訪他。接待室的一個工作人員讓我到下一個走廊去，愛因斯坦將在那裡見我。我按他說的走到下一個走廊，這時從對面過來一個年輕人，完全不是我想像中的愛因斯坦，我認為這人絕不可能是相對論之父！因此我讓他從我身邊走過。在他從接待室轉身回來時，我才做了自我介紹。至於我們所討論的問題，我只記得幾個細節，但我的確記得他給我的那支菸的滋味太令人難受了，我從橋上把它扔進了阿勒河。

接著，兩個人邊談邊經過市區，來到國會大廈的高平臺上觀看伯恩全景。勞厄來到瑞士時，曾經爬了幾座海拔有四千公尺的高山，因此勞厄非常熱情地向愛因斯坦講述爬山時的種種樂趣。但愛因斯坦對爬山全無興趣，還說：「我不明白，怎麼會有人喜歡到山上去玩。」

這次會晤成了兩人畢生友誼的開端。

（二）引力問題初探

對愛因斯坦來說，「幸運年」一九〇五年過去以後，他並沒有因為等待科學界接受他的研究成果而白白浪費時間，他繼續不斷地發表新的研究成果。除了繼續研究狹義相對論和量子論，這裡特別要提到的是他於一九〇七年發表在《放射學和電子學年鑑》上的文章《關於相對性原理和由此得出的結論》。在這篇文章中，愛因斯坦提到一個重要的思想：把狹義相對論發展成為廣義相對論。因此，一九〇七年也是科學史上有紀念意義的一年，對愛因斯坦來說也是值得大書特書的一年。

德國物理學家斯塔克這篇重要的論文是愛因斯坦應斯塔克的邀請而寫的，斯塔克那時正擔任《放射學和電子學年鑑》（下稱《年鑑》）的編輯。一九〇七年九月二十五日，愛因斯坦寫信給斯塔克，答應為《年鑑》寫一篇綜述相對論的文章。十一月一日，愛因斯坦再次寫信給斯塔克說：「為你的《年鑑》寫的文章的第一部分已經寫好了；正在少得可憐的時間裡熱情地寫作第二部分。」本來原定的寫作內容是關於狹義相對論的問題，但在寫作過程中它卻引起了愛因斯坦對另一個重大問題——廣義相對論——的思考。看看愛因斯坦在一九二二年年底是怎麼說的：

> 關於廣義相對論的設想是……一九〇七年開始的。這種想法來得很突然，當時我對狹義相對論並不那麼滿意，因為它被嚴格限制在相互之間具有恆定速度的參照系之中，它不適用於一個做任意運動的參照系，於是我極力想把這一限制取消，以使這一理論能在更一般的情況下也有意義。

▲ 德國物理學家斯塔克

一九〇七年，斯塔克要求我寫一篇關於狹義相對論的專題文章。在準備這篇文章時，我開始認識到，除了引力定律以外，其他一切自然規律都可以納入狹義相對論的框架之中。我試圖找到其中的原因，但事情並不那麼簡單。最不令人滿意的是，儘管慣性和能量之間的關係在狹義相對論中已經明確解決了，但是慣性與質量（或者說引力場的能量）之間的關係並不清楚。我認為這個問題不可能在狹義相對論的框架中得到解決。

有一天，我突然找到了這個難題的突破點。那天，我坐在伯恩專利局的辦公室裡，腦子裡突然閃現了一個念頭：如果一個人正處於自由下落之中，他絕不會感到有重力。我大吃一驚，這個簡單的想像給我的印象太深了，它

▲ 在自由下落的電梯（即「愛因斯坦電梯」）中，裡面的人覺得沒有重力存在了，蘋果和羽毛與人相對靜止；而另外一個人可以在電梯的牆上行走

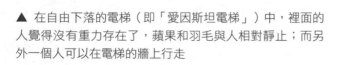

使我由此找到了新的引力理論。我接著往下想：一個自由下落的人在做加速運動，那麼在這個加速參照系裡他有什麼感覺？他會做出什麼判斷？我決定把相對論擴展到加速參照系裡。我感到，在做這種擴展的同時我將會解決引力問題。一個自由下落的人之所以感覺不到重力，是因為在他的加速系中，同時還存在一個新的引力場，它將地球的引力場抵消了。這就是說，在加速參照系中我們需要一個新的引力場。

由以上愛因斯坦的回憶，我們可以清楚地看出，愛因斯坦在一九〇七年就已經提到了作為廣義相對論基礎的兩條基本原理：（一）廣義相對性原理；（二）等效原理。其中等效原理的提出，作為一個令人驚詫的思維過程，是值得詳細探討的。

愛因斯坦在研究引力問題時，特別重視引力質量與慣性質量相等這一個兩百多年來就為人們熟知但又不知其所以然的事實。他曾這樣說過：

> 在引力場中，一切物體都具有相同的加速度。這條定律也可以表述為「慣性質量與引力質量相等」的定律。它當時就使我體認到它的全部重要性。我為它的存在感到極為驚奇，並猜想其中必定有一把可以更加深入地瞭解慣性和引力的鑰匙。

一九〇七年，愛因斯坦已經瞭解到，慣性質量和引力質量相等的實驗事實，完全可以用另一個新的物理概念來表述：引力的本性就在於引力能夠在某種參照系（如愛因斯坦電梯）中局部地消除，這就是「等效原理」。

更令愛因斯坦高興的是，有了等效原理就可以將相對性原理擴展到非慣性系中。也就是說，我們根本不可能利用任何實驗來發現參照系（如愛因斯坦電梯）本身的運動，即絕對運動。不僅不能發現絕對速度，連絕對加速度也不能發現。愛因斯坦說：「我們不可能說什麼參照系的絕對加速度，正像狹義相對論不允許我們談論一個參照系的絕對速度一樣。」

▲ 比薩斜塔實驗：一切物體具有相同的加速度，所以兩個大小不同的球在同時下落時，將會同時落地

由於愛因斯坦在一九〇七年十二月四日的《關於相對性原理和由此得出的結論》文章中，首次提出了廣義相對論的兩個基本假設，並分析了由此引出的若干結論，人們通常將這篇文章看成是廣義相對論創始的起點，具有里程碑的意義。但正如愛因斯坦所說的那樣，在當時他還根本不可能把出現的新問題一下子完全解決，尤其是他還缺乏描述新物理學的數學語言，歐幾里得幾何不再適用於加速參照系，而黎曼幾何他還不知道。直到一九一二年他才找到了合適的語言，新遇到的問題才得以解決。又過了三年，到一九一五年十一月二十五日，廣義相對論才最終建成。這是後話，現在

還是回到一九〇七年的伯恩。

(二) 希望到大學任教

在一九〇五年前後，愛因斯坦十分滿意專利局的工作，尤其是八小時之外，還有八小時「醒著」的時間，再加上整整一個星期天可以讓他思索科學問題。但到一九〇七年開始思索更複雜的廣義相對論以後，他逐漸感到專利局八小時的工作妨礙了他的科學思考。一九〇八年十二月十四日，他給斯塔克的信中寫道：「在專利局每天有八小時的緊張工作，有那麼多的通信和研究——您也知道那是什麼情況。我的工作是不能令人滿意的，因為我抽不出時間來開展它。」

他的朋友勞厄在一九〇八年三月一日寫的信，恐怕也曾觸動了他的思緒。勞厄從烏茲堡寫信給他說：「我必須承認，得知你每天能夠在辦公室裡坐八個小時，實在非常驚訝！但是，歷史總是充滿讓人無法釋懷的笑話。」

言下之意是愛因斯坦應該是教授，應該在大學任職而不應該是專利局出色的奴隸。以上種種原因，使得愛因斯坦有了離開專利局的打算，去謀求一個教學的職位，他認為只有這樣才能充分發展他的科學概念。何況這時愛因斯坦已經在德國有了相當的名氣，一九〇八年他被邀請到德國的科隆參加一年一度的自然科學家和醫生協會的年會，他雖沒有參加，但這足夠說明他在科學界已經佔有一席之地，還有不少科學家已經認為愛因斯坦是未來科學的希望之星，因此對於他還在專利局工作都表示無法理解。

實際上，愛因斯坦在一九〇七年年末就有離開伯恩專利局到大學當教授的打算。如果真要去大學任職，按規定他要呈送一篇論文給大學當局，於是，他把一九〇五年發表的那篇提出狹義相對論的文章呈送給伯恩大學。奇怪的是，伯恩大學把這篇已經開始受人重視的論文退回給愛因斯坦，理由之一是內容不可理解！這件讓愛因斯坦十分生氣的「趣事」，恐怕是伯恩大學校史上一段不算光彩的事吧？

愛因斯坦接受克萊納教授的建議，首先交一篇資格論文給伯恩大學，申請成為該大學的編制外講師；有了這一頭銜，他再去追逐蘇黎世大學將設立的理論物理學的副教授之職。一九〇八年二月二八日，愛因斯坦做了試講。這一次一切順利，他很快被任命為伯恩大學編制外講師，並於當年夏天開始授課。

這可不是什麼有利可圖的事，這種職務沒有工資，由聽課人交的學費作為報酬；編制外講師開的課都不是公共大課，而是一些冷僻的專業課，所以聽講的人很少，收入也十分微薄。事實上，愛因斯坦的課只有三個朋友來聽，他們是專利局的貝索、申克和郵電局的沙萬。到了冬季，來了第四個學生斯特恩，他是一位數學系的學生，但對自然科學很有興趣。

愛因斯坦算不上是一個好教師，他也不想改變自己的外表和風格。有一件趣事頗能說明這一點。當時在蘇黎世有許多從俄羅斯來的猶太人，他們因為貧窮而衣衫襤褸，頗為當地人所瞧不起。

愛因斯坦的妹妹瑪雅在蘇黎世大學讀書，有一次她想去聽哥哥的課，就問門房她的哥哥愛因斯坦博士在哪一間房上課，由於她穿戴整潔和稍稍講究，那門房竟然驚訝地瞪著瑪雅說：

「什麼？那個……那個俄國人……是您的哥哥？」

瞧，愛因斯坦那副打扮連門房都瞧不起！

到一九〇九年夏季，只剩下斯特恩一個人聽課，愛因斯坦只得取消了這門課。恐怕這也正是他求之不得的，自從上課以來，他更是忙得不可開交，白天專利局的班得照上，他還得為每週兩次課做準備，他哪還有時間去思考和發展他的新科學概念呀？不過，這番努力也終於換來了他夢寐以求的大學職位。

一九〇九年春天，已經被選為蘇黎世大學校長的克萊納，終於把設置理論物理學副教授職位的事辦成功了，剩下的問題是由誰來擔任這一職務。這可是一件更複雜的事情，涉及政治、學術、私人

▲ 1908年的蘇黎世大學

感情等各個方面，根本不可能克萊納一人說了算。克萊納以前有一個助手叫阿德勒，也是這一職位的強有力的候選人，克萊納對他也頗中意。阿德勒是愛因斯坦的朋友，而且品格高尚，雖然他很想得到這個職位，但他覺得愛因斯坦比他更合適。他極力推薦愛因斯坦擔任這一職務，並極力讓上級教育部門瞭解愛因斯坦罕見的天才，指出這一職務非他莫屬。阿德勒的陳述果然說服了學校的教授們，他們決定投票贊成愛因斯坦擔任此職。一九〇八年六月十九日，阿德勒高興地給他父親寫信，談到這件事情：

我忘了告訴你誰最可能得到副教授的職位——這個人按照道理和一般人的意見，確實是比我更應該得到這個職位；如果他得到了，我肯定會為他高興。這個人叫愛因斯坦，他是我的同學，我們曾經一起聽課。……這裡的有關人士一方面因為過去慢待了他而感到內疚，一方面也認為像愛因斯坦這樣的科學家竟然還待在專利局，不僅在這裡而且在整個德國將是一個笑話，一個天大的諷刺。……客觀地說，如果一切如我所料，這將是一件好事。經過如此多的困難，他終於成為一名教授，這說明一個人可以做到他想做的事，這是何等讓人振奮的事啊！

克萊納寫信告訴愛因斯坦，說如果愛因斯坦能到蘇黎世來試講，以此表現他的講課才能，蘇黎世將表示歡迎。

愛因斯坦沒有放棄這次機會。一九〇九年二月中旬，愛因斯坦在蘇黎世物理學會做了試講。這次講課獲得成功，後來他說：「這次我改變了以前的壞習慣，所以這次課講得很好。」

回到伯恩後不久，愛因斯坦迫不及待地於二月十二日打電話問克萊納，克萊納「仁慈地」告訴了他試講的結果，言下之意是好結果將很快出來。二月十五日，愛因斯坦又把這消息告訴給了以前的同學埃拉特，他在蘇黎世試講時就住在埃拉特家裡。不久，克萊納寫信給愛因斯坦，要愛因斯坦將履歷寄給他，並問愛因斯坦下學期是否可以上課。愛因斯坦於二月二十五日回信，說下學期可以上課，並寄去了履歷。愛因斯坦原以為正式通知很快會寄給他，但事實上直到五月七日他才接到正式任命書：蘇黎世州政府任命愛因斯坦為任期六年的副教授，工資每月四千五百法郎（與專利局工資一樣）。這件事之所以拖了三個月，其間很重要的一個原因是愛因斯坦是一個猶太人。當時瑞士普遍有反猶太人思想，所以學校和政府部門在決定任用愛因斯坦時，表現出十分的謹慎，尤其是州的教育董事會。幸虧阿德勒各方奔走解釋，一再強調愛因斯坦是最好的物理學家，由他擔任這一職務是再合適不過的了。他對許多人說：「如果我們的學校能夠得到像愛因斯坦這樣的人而不用，反而用我，那將是非常荒謬的。在物理學領域裡的造詣，我簡直不能與愛因斯坦相提並論！」阿德勒以坦誠的心懷，終於說服了眾人。

一九〇九年七月六日，愛因斯坦正式向專利局提出辭職（十月十五日生效），同時他也辭去了伯恩大學編制外講師的職務。他和米列娃及時把家遷到了蘇黎世，因為他將在十月十五日正式開始上課。

（三）蘇黎世大學副教授

在他正式向專利局提出辭職後的第三天，即七月八日，愛因斯坦收到一封信，漫不經心的愛因斯坦看見那華麗的信封和信紙，以為與他沒什麼關係，竟沒有仔細看就扔進了廢紙簍中，後來才知道自己差一點耽誤了接受第一個榮譽博士學位的大事。這樁故事，後來在澤利希寫的《愛因斯坦傳》中有詳細記載。一九五二年，澤利希寫信問愛因斯坦獲得第一個榮譽博士學位的詳情。愛因斯坦在回信中回答了這個詢問，他寫道：

有一天，我在伯恩專利局收到一個大信封，裡面裝著一張精美華麗的紙片，紙片上用花體字（我甚至認為是拉丁文）印了一些似乎與我無關的並且毫無意義的東西，因此我順手把它扔進了辦公室的廢紙簍裡。後來我才知道，那是邀請我去參加日內瓦大學創建三百五十周年慶祝典禮的請帖，上面還宣布我已經被授予日內瓦大學榮譽博士學位……

日內瓦大學因為一直沒有收到愛因斯坦的回信，就請愛因斯坦的朋友沙萬勸說他到日內瓦參加會議。下面我們來看看愛因斯坦的回憶：

……他們請我的朋友和學生盧西恩・沙萬從中勸說。沙萬是日內瓦人，當時住在伯恩。他勸我去日內瓦參加慶典，他並沒有多做什麼解釋，只說這是怎麼也推辭不了的。

就這樣，我在指定的日期來到了日內瓦。那天晚上，在我們下榻的那家旅館的餐廳裡，我遇見了幾位蘇黎世的教授。……他們各自說了自己是以什麼資格來的。他們看見我一言不發，就問起我來，我不得不承認我完全不知道自己是以什麼資格來的。可是他們什麼都知道，並把內情告訴我。第二天，人們要我和一批學者列隊而行，由於我隨身只帶了一頂草帽，穿的又是平時穿的便服，所以我本想溜到一邊去，但慶典主持人根本不接受我的意見。由於我的加入，這次慶典活動顯得十分滑稽。

天公不作美，那天雨下得很大。參加紀念卡爾文創建日內瓦大學三百五十周年慶典的人群列隊，沿著日內瓦古城狹窄的街道向聖彼得大教堂走去，戴著草帽的愛因斯坦在穿著典雅的人群中顯眼而滑稽。然後，人們又到維多利亞音樂大廳舉行慶典。慶典中，有一百一十人被授予了名譽博士學位，其中包括已經獲得過諾貝爾獎的居禮夫人和奧斯特瓦爾德，當然也包括第一次參加這麼大慶祝活動的愛因斯坦。

讓我們再次回到愛因斯坦有趣而又帶有諷刺的描述中來：

慶典活動尾聲，是豐盛豪華的宴會，這是我一生

▲ 愛因斯坦穿的衣服似乎總是不太合身

中所參加過最豪華的宴會。我問坐在我身邊的一位日內瓦的顯貴：「如果卡爾文還健在，您知道他來到這裡會幹些什麼嗎？」他說他不知道，並反問我意下如何。我說：「他肯定會點燃熊熊烈火，把我們這些有罪的貪吃鬼統統燒死。」那位顯貴再也沒有吭聲。這就是我對這次值得紀念的慶祝活動的回憶。

在十月十五日正式上課之前，愛因斯坦還要出席九月十九日到二十五日在薩爾斯堡舉行的第八十一屆德國自然科學家和醫生協會的年會，而且，九月二十一日下午，還要在物理分組做演講。讓與會者感到奇怪的是，愛因斯坦只稍微提了一下相對論，卻重點談起了光的本質。在開始演講後不久，他就說：

不容否認的是，有廣泛的事實證明，光具有某些屬性，要解釋這些屬性，用牛頓的發射論觀點要比用光的波動論觀點好得多。因此，我認為，理論物理學發展的隨後一個階段，將給我們帶來這樣一種光學理論——它可以被認為是光的波動論和粒子論的某種綜合。對這種見解做出論證，並且指出深刻地改變我們的關於光的本質和組成的觀點是不可避免的，這就是下面所講的目的。

▲ 德國著名化學家能斯特

在演講的結尾，對於波動‧粒子二象性的圖像，他再次謹慎地說：「關於這種圖像，迄今為止還沒有一個嚴格的理論，不應給它以特殊的評價，也用不著對它加以強調。」

在一九〇九年人們對光量子還採取拒斥態度時，愛因斯坦就已經以遠遠超前於科學共同體能達到的水準，堅持認為在光學理論中，波動和粒子圖像不會彼此排斥，而是可以彼此相容的。這種遠見卓識，實在讓人驚歎。

▲ 德國著名物理學家索末菲

雖然在薩爾斯堡會議中，沒有任何人能理解愛因斯坦，但是經過這次會議，他終於走出了伯恩、蘇黎世的小世界，來到眾多一流科學家的大世界中，認識和結交了許多朋友，彼此間交流了不同的觀點；而且由於相對論的巨大成就，愛因斯坦在會上強調的光輻射問題真正開始受到了重視，愛因斯坦期望「有人能夠關注這個問題」，可以說他的目的達到了。輻射的問題不久就成了最熱門的課題，而且重大的突破也即將接連到來。用包立的話來說，愛因斯坦在薩爾斯堡的演講，可以被看成是「理論物理學的轉捩點之一」。

蘇黎世大學和當時的校長克萊納，終於做了一件不後悔的事：在愛因斯坦參加薩爾斯堡會議之前，讓他成為該大學的副教授，薪水也給得算是合理。從薩爾斯堡回到蘇黎世後，愛因斯坦開始了他的教授生涯，此後他再也沒有改變他的職業。

正式上課以後，他的感覺還不錯，也喜歡這種新的工作。十一月十七日他寫信給貝索說：「我很喜歡我的新職位。教學是一件很愉快的事，雖然開始的時候我要做大量的準備工作。」

儘管愛因斯坦的講課帶來一些新穎的內容和風氣，以及他被邀參加薩爾斯堡會議，但是由於他仍然不注重自己的教授形象，穿著皺巴巴的舊衣，褲子又總是短一截，這種與瑞士和德國教授形象天差地別的打扮，自然會影響人們對他的評價，因此在蘇黎世，還沒有人認為他有朝一日會成為世界科學的超級明星。

一九一〇年三月，德國柏林大學教授兼柏林大學化學研究院的所長能斯特，專程來蘇黎世大學拜訪愛因斯坦，讓蘇黎世大學的教授和學生大吃一驚。後來，能斯特當年的助手赫維西說，能斯特的造訪「使愛因斯坦在蘇黎世名聲大震」。蘇黎世的人說：「既然偉大的能斯特都從柏林專程來與愛因斯坦討論問題，那這個愛因斯坦一定是一個聰明的傢伙。」

能斯特在一般人心目中的確很了不起，這不僅因為他是柏林大學的教授、研究院所長，還因為他有一個專利竟然賣了一百萬金馬克！這可真是一個了不得的人物呀！連這樣了得的人都來向愛因斯坦求教，那愛因斯坦當然是非同一般的人物了。這種評價雖然並不深刻，卻十分準確。能斯特的確是有一個重要問題向愛因斯坦請教，而且由於他的虛心請教，量子論的命運有了大的改變，而愛因斯坦的名聲也再次大大提升。

能斯特能夠禮賢下士，親自從柏林到蘇黎世拜訪愛因斯坦，使愛因斯坦非常滿意。

過了四個月，又有一位著名的德國教授來蘇黎世拜訪愛因斯坦，他就是慕尼黑大學理論物理學教授索末菲。慕尼黑大學的同事們一定十分驚訝，學期還沒結束，索末菲就迫不及待地離開了慕尼黑，說要到蘇黎世去療養，實際上他到蘇黎世是為了和愛因斯坦討論兩人都非常關注的光的波粒二象性的問題。

愛因斯坦知道索末菲要來蘇黎世與他討論光的本性問題，雖然十分高興，但也有點擔心，因為從一九〇五年提出光量子假說伊始，他就為光的粒子性與波動性能否相容而大傷腦筋。雖說在一九〇九年薩爾斯堡會議上他表示它們一定會相容，但他沒有構造出任何有價值的理論模型能夠同時容納這兩種圖景，以致他七月十日寫

▲ 伯爾尼大學，愛因斯坦曾在此擔任編外講師

信給索末菲時還歎息地說：「恐怕只有上帝才能解開這個謎吧。」

他們在一起討論了一周，雖然十分愉快，也加強了對彼此的瞭解，但並沒有取得任何突破性的結果。很可能是受到與索末菲討論的刺激，愛因斯坦在一九一〇年剩下的時間裡，在光的本性問題上做了很大的努力。

第八章
布拉格的教授

Albert Einstein

一九一〇年四月四日，這時距愛因斯坦正式在蘇黎世大學授課約有半年，他在一封寫給母親的信中寫道：「我極有可能接受另一所規模很大的大學的聘請，該大學將給予正教授的待遇，工資也將比現在的多許多。只是我暫時不被准許說出這所大學的名字。」

這所大學就是布拉格大學。布拉格大學是歐洲最古老的大學之一，在十九世紀八〇年代，奧地利政府為使斯拉夫國家日爾曼化，強行將這所大學一分為二，成為德國大學和捷克大學。德國大學的首任校長是愛因斯坦年輕時代就十分崇敬的恩斯特・馬赫。一八九五年，馬赫離開布拉格到維也納大學任教。一九一〇年夏季，物理系的利皮希教授將要退休，因此需要聘請一位教授頂替空缺的職位。物理系組織了一個調查委員會，以確定人選。委員會的主任是實驗物理學家蘭帕，他在薩爾斯堡目睹了愛因斯坦的風采，也瞭解到愛因斯坦是未來的科學巨星，而且愛因斯坦很推崇馬赫和馬赫的理論，因此蘭帕十分希望愛因斯坦來德國大學任職。他事先探聽過愛因斯坦的想法，得知愛因斯坦很願意應徵這一職位。

正在愛因斯坦忙於應徵時，愛因斯坦的第二個兒子愛德華於一九一〇年七月二十八日出生。

關於布拉格的任命遲遲沒有消息，但是愛因斯坦很希望這事能夠成功。雖然在蘇黎世很舒適，尤其是米列娃很喜歡蘇黎世，她對於搬到一個陌生的國家去很不情願，但愛因斯坦深感自己這個副教授在地位上比正教授低很多，尤其是缺乏獨立工作的條件，難以發揮他的積極性，所以他下決心要抓住這個難得的機遇。

一九一一年新年伊始，約瑟夫皇帝於一月六日正式批准了對愛因斯坦的任命；一月十三日，德國大學正式通知了愛因斯坦。愛因斯坦收到通知後，於一月二十日向蘇黎世教育當局申請學期終了時辭去副教授之職；二月二十日申請被批准。

一九一一年四月一日，愛因斯坦來到布拉格。

（二）美麗的布拉格

當愛因斯坦於一九一一年到德國大學就任時，布拉格的種族問題十分嚴重。布拉格市九〇%是捷克人，但卻由只占全市人口一〇%的德國人控制政治、經濟和社會生活。德國人和捷克人之間充滿敵意，捷克人拒絕講德語，德國人當然更不屑於講捷克語。兩所大學雖說由一個母體分解而成，但彼此之間根本談不上有什麼創造性的交流，有的只是彼此之間的敵意。

▲ 1914年米列娃和她的兩個兒子漢斯、愛德華（左）

愛因斯坦到布拉格不久就寫信給格羅斯曼說：「在這裡我很開心。」但很快他就發覺在平靜生活表面之下的潛流充滿著非常令人擔心的敵意，他感到很不習慣。七月六日，他寫信給沙萬說：「這裡讓我感到十分陌生，生活也不如在瑞士那樣令人感到愉快。這裡的水還必須燒開了才能喝。居民大都不懂德語，行為舉止上顯示出對德國人的敵意。」對於德國人，愛因斯坦也不喜歡他們的勢利、奴性、感情的缺乏和熱衷於炫耀自己的奢侈，他認為布拉格的德國人「思想貧乏，沒有忠誠可言」。

愛因斯坦一定大為失望，從他給朋友的信中可以看出，他對布拉格沒有好感，也不會在布拉格久留。他的一個學生奧托・斯特恩曾回憶說：「愛因斯坦在布拉格感到極為孤獨，那裡雖然有四所大學，但是愛因斯坦卻沒有興趣與其中任何一個人交談。」

讓愛因斯坦憤怒的，還有奧地利官僚主義的煩瑣文字「遊戲」，他對朋友抱怨說：「我每天都要無休止地填一些沒有任何用處的表格。」他甚至還激動地說：「什麼時候才能停止這種浪費時間、浪費筆墨的事情啊！」

還有一件可笑的事一直是趣談。在奧地利政府管理的大學裡，教授是政府任命的官員，因此教授們必須要有一套樣子有點像海軍軍官制服的「官服」：一頂鑲翎的三角形帽子，鑲有寬大金邊的外衣和長褲，一件暖和的黑外套，還有一把長長的佩劍。完全是軍官的打扮！平時不能穿，只有在宣誓就職或榮獲皇帝召見時才穿。愛因斯坦不能例外，也製備了一套，但他只穿過一次。當一九一二年他離開布拉格回蘇黎世聯邦理工大學任職時，他半價把它賣給了頂替他職務的佛蘭克。他的大兒子漢斯知道爸爸將賣掉這威風凜凜的將軍制服時，要求爸爸穿上這套制服帶他到街上走一趟。愛因斯坦聽了大笑，說：「沒問題！頂多讓別人以為我是一個巴西的將軍！」

布拉格和德國大學對愛因斯坦的到來十分重視。他一到達布拉格，當地就為他的到來舉行了盛大的歡迎慶典，《布拉格日報》和其他所有報紙都報導了這一慶典，並充分強調愛因斯坦在物理學不同領域裡取得的重大成就。

五月二十四日，在德國自然科學家和醫生協會的布拉格分會上，愛因斯坦發表了演講，這個演講轟動了布拉格。德國數學家柯瓦列夫斯基曾回憶說：「布拉格知識界的人物幾乎雲集於此，把巨大的會議室擠得滿滿的。愛因斯坦顯得十分謙虛。他講得生動活潑、清晰明確，絲毫不誇張矜持，不時來一點意外的幽默……大家都被他征服了。很多聽眾十分驚訝，原來相對論並不像人們想像的那麼複雜難懂。」

除了盛情的歡迎以外，還讓愛因斯坦感到高興的是布拉格和大學校園都十分美麗，他住的房子也令人滿意。他住在一幢位於新城邊緣的樓房的三樓，寬敞明亮的書房裡，有四個大窗戶對著有石牆圍繞的安靜的花園，他有很多時間不受干擾地在書房裡或花園裡思考引力問題。大學圖書館的藏書十分豐富，這也讓愛因斯坦高興。有些事本來讓他煩惱和厭惡，還好他可以用快樂的方式解決它們。例如，他到大學任教授，按慣例他要拜訪本系四十來位教授，這件事對他來說簡直是一場災難。為了讓自己完成這一項沉重的任務，他以建築美學為標準排定他的訪問順序，這樣可以使他的拜訪與美學欣賞結合起來。但是他沒有料到這種方法，使有些教授對他十分不滿，懷疑他故意顯出對職務等級的蔑視，因為建築的美學標準與職務等級並不一定一致。好在愛因斯坦從來就喜歡特立獨行、天馬行空，哪會在乎這個懷疑、那個猜測呢？拜訪結束後，愛因斯坦對這座古城有了興趣，閒暇時常常逛布拉格。一位俄國作家庫茲涅佐夫生動地描述了愛因斯坦遊逛布拉格的故事：

愛因斯坦終於停止了禮訪，因此他還是沒有完成必須履行的規章。不過，他繼續遊逛布拉格。這座具有古老的房舍、市政廳、教堂、鐘樓、蔥綠的花園和公園的城市使他著迷。他沿著把城市分為兩半的伏爾塔瓦河走下去，還在遠處就對那出人意料的景色——真正的奇蹟——感到欣喜：飾有十五世紀雕塑的橫跨伏爾塔瓦河的查理大橋。他順著這座橋走到對岸，欣賞「布拉格的威尼斯」——建造在伏爾塔瓦河上的水上宮殿。

然後，愛因斯坦來到赫拉德昌斯基廣場。在這裡，迎接他的是各種各樣的和諧的建築形式，其中凝結著捷克民族上千年的勞動。這種和諧之所以如此自然，是因為它是歷史的自然過程創造出來的，並且似乎象徵著某種理性。愛因斯坦在赫拉德昌斯基廣場瞻仰了十二世紀建造的聖喬治的羅馬教堂，然後從聖維特大教堂的拱門下穿過。大教堂合理的結構形式與其說是中世紀宗教精神的體現，不如說是十四世紀力學之美的展現。然後，愛因斯坦下山，走過黃金小巷（中世紀布拉格的手工業區）時，看見了保存下來的中世紀的住宅和環境，當時的人們積累了經驗知識，為文藝復興、新的世界圖像做了準備……在十五世紀初建成的提恩教堂裡，有著名天文學家第谷・布拉赫的陵墓。第谷在捷克的首都度過了自己短暫一生的最後幾年，也是在這裡，他為開普勒留下了大量天文觀測的記錄。

布拉格確實美麗而吸引人，但是愛因斯坦在毫無個性的布拉格教授群中感到很不自在。他本人謙遜、善良、隨和，還喜歡在講課或談話中不時插入一些幽默的話。這些優點雖然給他帶來了許多朋友，但也為他招來了不少敵人。當他對大學教授和工友們用同樣隨和親切的態度談話時，那些故作高傲、自視甚高的教授們，會憤怒地認為他在故意向嚴格的等級制度挑戰；當他在講課中拋開千篇一律的教條而講述科學的最近進展甚至是自己的研究，而且不時插入一些幽默語言讓大學生不由自主地大笑時，那群鬍子向上翹的教授們又憤怒了，指責他對待科學不嚴肅、褻瀆了神聖的殿堂……好在愛因斯坦不在乎別人的閒言閒語。

但是布拉格也有出類拔萃的人物，更有優秀的來訪者，使愛因斯坦有可以熱心交談的對象。大學同事中有一位執教數學的匹克教授和愛因斯坦很談得來。這位年滿五十的數學教授和蘭帕教授一樣，也是馬赫的信徒，對物理學問題也很有興趣；更妙的是，匹克的小提琴拉得很不錯，透過他，愛因斯坦認識了不少音樂愛好者，於是室內音樂演奏成了愛因斯坦在布拉格的大事之一。

愛因斯坦在布拉格繼續思考引力問題時，遇到了數學上的困難。一九一二年他曾經對索末菲說：「此時此刻，引力問題佔據了我所有的心思，有一件事是確定的——我一生中從來沒有如此痛苦過。和引力問題比較起來，狹義相對論有如兒戲。」恰好這時，匹克教授成了與他討論數學的夥伴，而且正是匹克教授的意見，促使愛因斯坦認真閱讀了兩位義大利數學家里奇和勒維・契維塔的著作，使他有了解決引力問題的數學工具。

更讓愛因斯坦高興的是，一九一二年二月，從俄國來布拉格拜訪他的埃倫費斯特成了此後愛因斯坦最好的朋友。

埃倫費斯特於一八八〇年一月十八日出生在維也納，只比愛因斯坦小十個月，也是猶太人。他讀過愛因斯坦的文章，並且立即充分理解了愛因斯坦思想的深邃和膽量，分享了愛因斯坦的歡樂。他寫信給愛因斯坦，希望能拜訪他，與他面談。愛因斯坦收到信後立即於一九一二年一月回信說，他很願意在家中見到埃倫費斯特。

埃倫費斯特於二月二十三日來到布拉格。當他下車時，含著雪茄的愛因斯坦及其夫人米列娃已在車站恭候，然後他們三人一同去了一間咖啡館，談論維也納、布拉格和蘇黎世。當米列娃離開咖啡館回家後，他們兩人立即談起物理學。後來他們倆向大學的物理研究院走去，邊走邊爭論著。他們的討論中斷了幾個小時，因為愛因斯坦要參加一場事先約好了的絃樂四重奏。晚上，兩人在愛因斯坦家中又談起物理學，一邊喝茶一邊談，一直談到深夜一點半。

二月二十五日是星期日，他們一起演奏勃拉姆斯的鋼琴和小提琴奏鳴曲。埃倫費斯特在日記裡寫道：「我們成了朋友，快樂極了。」他還寫道：「愛因斯坦推著嬰兒車，常常在小孩子聽得見的地方說一些粗話。」他還注意到愛因斯坦的外套上有一個破洞。他們在談論物理學的時候，愛因斯坦當然忘不了和埃倫費斯特談他最近思考的引力問題，我們知道，這正是廣義相對論的胚芽。

愛因斯坦在布拉格的最後一個學期裡，一位剛剛從布雷斯勞大學畢業的大學生奧托・斯特恩來到布拉格，想拜愛因斯坦為師，學習熱力學。斯特恩的選擇實在幸運，他正是在愛因斯坦這裡學到了有關量子理論的許多知識，因為愛因斯坦只有斯特恩這唯一的夥伴可以與之交談量子論。一九二二年，斯特恩與格拉赫合作用實驗證實空間量子化，並因此獲得一九四三年的諾貝爾物理學獎。

斯特恩第一次見到愛因斯坦的情形十分有趣。在沒有見到以前，他原以為愛因斯坦一定是一個留著大鬍子、非常嚴厲可怕的教授，但他在研究院找不到想像中的「愛因斯坦」，直到最後他才發現「一位不穿外套、不繫領帶的人坐在一張桌子後

▲ 愛因斯坦的好友埃倫費斯特

面，他穿著一件有點像修路工人穿的襯衣，衣服後背上還破了一個三角形的大洞。他就是愛因斯坦，他真是好極了的一個人。」繞

幸好有這幾位朋友和學生，才使愛因斯坦在布拉格任教的一年時間裡，不至於寂寞得無人交談科學問題。愛因斯坦雖然喜歡孤獨，但他身邊不能沒有人傾聽他的思考結果，不能沒有人與他爭論剛成形的理論模型。

▲ 1912年的愛因斯坦，攝於布拉格

（二）第一屆索爾維會議

一九一一年六月中旬，愛因斯坦收到一封讓他十分吃驚和高興的信。這封信是比利時工業化學家索爾維，透過能斯特轉交給愛因斯坦的信，信中說請愛因斯坦親臨這年秋季在布魯塞爾舉行的一次會議，會上將專門討論輻射和量子理論的現狀。六月二十日愛因斯坦給能斯特回信說：「十分高興能參加布魯塞爾的會議，對指定我發言的內容我一定按時完成。我看了整個會議的程序，我對它很有興趣，我想您一定是這次會議的宣導者和策劃人。」

愛因斯坦沒有說錯，能斯特的確是這次會議的策劃人之一，但事情還得從索爾維講起。索爾維

是比利時的化學家，沒有受過什麼正式的教育，但是由於他的父親是製鹽廠廠主，他從小就生活在工業化學氛圍很濃的環境中，受此薰陶，很早就喜歡做各種化學和電學方面的實驗。他喜歡學習，自學了許多化學方面的知識。他的叔父經營一家煤氣工廠，年輕的索爾維被任命為叔父的助手。在此期間，他成功地完成了幾項洗滌煤氣的實驗。在實驗中，他發現洗滌煤氣後的水中含有氨和二氧化碳，他想，如果吸附、濃縮水中的氨，也許能夠得到有用的副產品。結果，他發現了非常經濟的製造碳酸氫鈉的方法。此後，由於他經營得法，終於成了世界上著名的工業家。到了晚年，他把獲得的財富捐贈給許多學校，幫助窮人的孩子進校讀書。

索爾維雖然沒有多高的學歷，但在工作之餘卻十分喜歡自己做些研究，也非常希望與著名科學家討論他的發現。他自己提出了一個關於引力和物質的奇特理論，還將它們寫進《引力·物質基本原理的建立》一書中，該書於一九一一年在布魯塞爾出版。他的「理論」一定稀奇古怪而又不符合科學共同體的規範，所以沒有人願意聽他的那一套；但由於他富有、博愛和仁慈，所以也沒有人當面反駁他。他大約自我感覺良好，認為自己的「理論」很有生命力，只是曲高和寡，不被一般人理解而已。有一次他對能斯特說，有沒有辦法使他的「理論」引起像勞倫茲、愛因斯坦和普朗克這樣著名科學家的注意？能斯特是何等聰明伶俐的人，他立即抓住這難得的機遇，建議由索爾維出資，在一九一一年組織一個高級科學討論會，讓世界一流的科學家聚集於布魯塞爾，共同討論物質和輻射，當然還有引力等諸多當時世界最前端的一些難題。索爾維大喜，於是能斯特就開始邀請科學奧

▲ 1911年在布魯塞爾召開的第一屆索爾維會議
前排從左到右：能斯特，布里淵，索爾維，勞倫茲，瓦爾堡，佩蘭，威恩，瑪麗・居禮，龐加萊
後排從左到右：古德施密特，普朗克，魯本斯，索末菲，林德曼，德布羅意，馬丁・克努森，哈澤內爾，豪斯特萊，赫爾岑，金斯，拉塞福，昂內斯，愛因斯坦，朗之萬

林匹亞山上的諸路神仙到布魯塞爾聚集一堂，共商大事。辦事一向穩重的普朗克認為沒多少人關注輻射理論的變革問題，而關心這個問題的人也不見得願意來布魯塞爾。但出乎普朗克意料之外的是，由索爾維親自簽名的邀請函於一九一一年六月發出以後，被邀請的人都像愛因斯坦一樣非常高興地表示願意出席會議。

會議被定在十月二十九日至十一月七日，共十天。能斯特不愧為一個出色的組織家，一切都被他安排得十分完善，使被邀請的著名學者都十分滿意，都相信這次會議一定會大大加速科學的發展。為了使會議更有成效，有十二位與會者被指名提交某一領域的總結性文章。愛因斯坦要提交的論文是《關於比熱容問題的現狀》。

十月二十八日晚上六點，愛因斯坦到達布魯塞爾，趕上了慶祝儀式。

索爾維非常重視這次國際上最高層次的科學會議，他把會議放在布魯塞爾市的首都大飯店，讓前來參加會議的科學家享受總統級的招待，除了報銷來往旅費以外，每人還可以得到 千比利時法郎的報酬。對於布拉格德國大學的愛因斯坦教授來說，一千法郎並不是最重要的，他能參加這次會議已經充分說明，他已經成為歐洲而不僅僅是德國的著名科學家了。在這次會議上，他不僅見到了已經認識的德國科學家，荷蘭的勞倫茲和昂內斯，還認識了許多以前從未謀面的科學家，有英國的拉塞福、法國的龐加萊。

在開幕式上，索爾維簡要地講述了他的物質•引力理論的要點。索爾維在化學工業上的確很成功，但是他卻想當然地認為他的物質•引力理論的重要性也非同小可，但實際上他講的那一套都是過了時的物理理論，雖然他推出一些結果十分複雜的公式，但實質上沒有任何新的觀念。好在與會者對於他的高論都不置一詞，免得弄得他沒趣而讓聚會失去真正的作用。索爾維講完了，大家就開始討論物理學的最新發展。

愛因斯坦的演講被安排在會議結束之前，這也顯示了愛因斯坦在科學界的地位是何等重要。

會議在討論了愛因斯坦的報告後結束。在閉幕演說中，索爾維再三感謝大家熱烈地參加討論，並特別強調說他本人從會議中獲益匪淺，大家沒有對他的理論批評過一句話，他感到不安；他又說他從未對自己的理論有絲毫的動搖；最後他宣布，這樣高水準的科學會議以後每兩年舉行一次，希望大家在第二次會議時再多花點時間討論他的理論。

愛因斯坦對這次會議很滿意。能夠被邀請出席這次會議並做綜述性演講，這本身就讓愛因斯坦十分滿意，更何況他可以在這次會議上認識許多以前只知其名未見其人的著名科學家，還和他們進行了積極的交往。當地許多報紙都提到了他早期的研究成果。索爾維的慷慨，想必也給愛因斯坦留下了深刻的印象。

儘管滿意的事情不少，但對愛因斯坦這樣不斷思考更深層領域奧祕的人來說，他往往會埋怨同行們為什麼如此蹣跚跛行。一九一一年十二月二十六日，他在給貝索的信中寫道：

在布魯塞爾，人們懷著悲傷的情緒看待電子理論的失敗，找不到補救方法。那裡的大會簡直像耶路撒冷廢墟上的悲號，沒有出現任何積極的東西。我那些不成熟的見解引起了人們很大的興趣，卻沒有得到認真的反對意見。我得益不多，所聽到的都是已經知道了的東西。

不過這次會議對愛因斯坦來說確實十分重要，幾乎可以說它改變了他此後的生活旅程。這次會議後不到半個月，即一九一一年十一月十七日，居禮夫人為愛因斯坦寫了一封推薦信，大約正是在這段時間裡，龐加萊也為愛因斯坦寫了一封推薦信。他們都是應蘇黎世聯邦理工大學的邀請而寫的，因為這時愛因斯坦正在為離開布拉格德國大學而忙碌著。

愛因斯坦的名聲越來越大，布拉格地處東歐、遠離科學的中心，它的學術氛圍根本無法滿足愛因斯坦的要求和期望，因此這裡是不可能留住愛因斯坦的。

布魯塞爾的會議一結束，愛因斯坦就在回程途中到荷蘭的烏特勒支去了一趟。去烏特勒支，就是為了確定離開布拉格以後到哪裡去任職。

（三）母校的召喚

隨著愛因斯坦名聲漸起，很多大學開始向愛因斯坦招手，想以更優厚的條件把他吸引到自己的大學裡來。最先寄給他邀請函的是荷蘭烏特勒支大學的尤利烏斯教授。烏特勒支大學位於荷蘭第四大城市烏特勒支，是荷蘭最好的三所大學之一，著名學者倫琴、范托夫都出自這所大學，他們兩人分別獲得了一九〇一年首屆諾貝爾物理學獎和化學獎，使該大學名聲大增。

在一九一一年十月份去布魯塞爾開會之前，愛因斯坦已到蘇黎世聯邦理工大學做了八次演講。這時格羅斯曼已經是該校的系主任，工學院升格為大學，有授予博士的資格。格羅斯曼和愛因斯坦的好友章格都希望愛因斯坦能回到母校任教。章格在愛因斯坦還沒離開蘇黎世時，就開始大力活動，力爭把愛因斯坦聘到聯邦理工大學，為大學增輝。章格說服了一位部長，部長答應去說服內務部其他官員支持聘請愛因斯坦。

愛因斯坦希望回蘇黎世，米列娃和兒子漢斯聽說要回蘇黎世也雀躍起來，但是要說服瑞士內

▲ 法國優秀的數學家龐加萊

務部的官員下決心聘請他，還得假以時日。在這種情況下，愛因斯坦對到底如何抉擇頗為躊躇。如果拒絕了烏特勒支大學優厚的條件，而蘇黎世聯邦理工大學的事吹了，豈不兩頭落空？

幸好這時法國物理學家韋斯接替了愛因斯坦不喜歡的韋伯教授，負責愛因斯坦的聘任工作。韋斯是著名的物理學家，磁學研究的權威。他立即請求居禮夫人和龐加萊為愛因斯坦寫推薦信，想利用名人效應來促使蘇黎世當局做出決定。他們兩人很快寫了推薦信。

居禮夫人的研究領域雖說與愛因斯坦的相距很遠，她也不十分瞭解相對論和量子論，但索爾維會議中愛因斯坦的影響和同行們對他的尊敬、推崇，一定使居禮夫人印象極深，所以她毫不猶豫地於一九一一年十一月十七日在巴黎寫了評價極高的推薦信，信上寫道：

> 我非常欣賞愛因斯坦先生在現代物理學有關的問題上所發表的著作。而且，我相信所有的數學物理學家都一致認為這些著作是最高級的。在布魯塞爾，我出席過一次科學會議，愛因斯坦先生也參加了，我由此得以欣賞他思想的清晰，引證的廣泛和知識的淵博。如果考慮到愛因斯坦先生現在

還年輕，我們就有充分理由對他寄以最高的希望，把他看成是未來最優秀的理論家之一。我認為，一個科學研究機構，若以愛因斯坦先生應得的條件聘請他為教授，使他有機會從事自己所渴望的工作，僅僅由於這一決定，該機構就能夠受到高度的尊敬，而且也會對科學做出偉大的貢獻。

法國最優秀的數學家龐加萊也與居禮夫人一樣，在十一月份寫了一份有利於聘任愛因斯坦的推薦信，信中寫道：

愛因斯坦先生是我認識的最富有創見的思想家之一。他雖然年輕，卻已經在當代第一流科學家中間居於最崇高的地位。我們應當特別讚賞的是他的靈巧，他善於適應新的概念並知道如何從這些概念中引出各種結論。他不受經典原理的束縛，而且每當物理學中出現了問題，他很快就想像出它的各種可能性。這一點使得他能在思想中立即預言一些日後可由實驗證實的新現象。

龐加萊慷慨讚揚中的兩個「最」（「最富有創見的思想家之一」和「在當代第一流科學家中間居於最崇高的地位」），足以使蘇黎世聯邦理工大學以能聘任到愛因斯坦為榮。韋斯還把普朗克的評價（「相對論可以比作新的哥白尼理論」）和索末菲的評價（「相對論似乎已經成為物理學的常規內容」）一起附在建議書裡。這些努力終於有了作用，一九一二年一月二十二日，在瑞士教育委員會的會議上任命愛因斯坦為聯邦理工大學教授的建議被批准，任命期為十年，月薪為一萬瑞士法郎。一周後，聯邦委員會也批准了這一任命。

有了這份任命，對於一些其他的邀請，愛因斯坦一律婉言拒絕了。他離開蘇黎世已經快一年了，他懷念那裡無拘無束、極富民主氛圍的生活，布拉格那等級森嚴和官僚作風極盛的社會生活讓他感到渾身不自在和厭惡。蘇黎世的美麗景色和溫暖適宜的氣候，格羅斯曼等可以暢談的好朋友……一切的一切，都使他們一家急於返回蘇黎世！

愛因斯坦雖然不希望留在布拉格，但也應該看到，在布拉格前後共十六個月的時間裡，由於研究院的環境極其靜謐，又沒人打擾，愛因斯坦終於有充分的時間思考幾年前就縈繞於心的引力問題，並做出了很有希望的進展。後來在《相對論》的捷克版的前言中，他表達了他對在布拉格時的那段經歷的感謝之情。

七月二十五日，愛因斯坦離開了布拉格。

第九章

回到蘇黎世

愛因斯坦再次回到蘇黎世時，他在科學界中的地位已經與一九一一年四月離開蘇黎世大學時的地位不可同日而語了。母校對愛因斯坦回校任教寄以很高的期望，希望他的到來能使母校甚至瑞士的科學研究提到一個新的高度，對世界科學發展產生重大影響。這一期望是可以實現的，因為愛因斯坦在布拉格時已經開始思考的引力問題，將給世界科學界帶來又一次巨大震撼。

回到蘇黎世，他可以就新引力問題中出現的數學問題請教好朋友格羅斯曼。他有理由期望新理論將會在蘇黎世取得巨大進展。不幸的是，正是在這一時期，他的家庭爆發了危機。

（一）家庭出現裂痕

一九一二年年初，愛因斯坦第一次來到柏林。這次到柏林是受到邀請，與能斯特、普朗克、盧本斯、瓦爾堡、哈伯和弗洛因德利希等人舉行一次聚談。前四人是參加過索爾維會議的，愛因斯坦認識，後面兩位愛因斯坦以前沒見過。哈伯是猶太人，是著名的化學家，也是新建的威廉皇帝物理化學與電化學研究院的新任所長，後來他和愛因斯坦之間有了深摯的友誼。弗洛因德利希是天文學家，在柏林附近貝北爾斯堡的大學天文觀察站當助手，他正設法透過天文觀測來證實愛因斯坦在布拉格研究引力理論時提出的一個預言：光在通過太陽時會發生偏轉。

在聚談當中，愛因斯坦得知德國科學界的重要人物似乎都想挽留他，但他通常都予以回絕，有的則沒有給予回答。能斯特是極力想將愛因斯坦留在德國的主要人物之一，但他知道，如果德國不提供一個優越得愛因斯坦無法拒絕的職位，就別想把他從蘇黎世請出來。

這次到德國柏林，愛因斯坦還見到了愛爾莎。愛爾莎的父親魯道夫・愛因斯坦是愛因斯坦父親的堂兄，她的母親芬妮・科赫又是愛因斯坦媽媽的姐姐，因此愛爾莎既是愛因斯坦的堂姐，也是表姐。他們小時候在慕尼黑有過接觸，但自從愛因斯坦離開慕尼黑以後，兩人沒有再見過面。

▲ 德國化學家哈伯

愛因斯坦與愛爾莎的這次會面，使兩人原來愛情的萌芽再次生長。愛爾莎離婚已快四年，她渴求異性的關愛自然是可以理解的，更何況她此時只有三十六歲，美麗不減當年。愛因斯坦這年三十二歲，結婚已有九年多。一開始他與米列娃的感情應該說很好，但隨著兩個孩子的出生，他們之間淡漠、疏遠了。米列娃當上母親後，逐漸成了家庭婦女，不能再和愛因斯坦進行科學思想方面的交流，以往親密、有益的科學交流和對話，逐漸被兩人之間的沉默代替；而米列娃那比較嚴肅、憂鬱的個性，也逐漸在沉默中加劇。再加上，當愛因斯坦沉溺於緊張思考之時，他可以將身外的一切忘記，這時他只屬於物理學，就不免偶而怠慢了米列娃。搬到布拉格以後，米列娃的苦惱和憂

▲ 1922年的愛爾莎

鬱更加嚴重，一方面不適應新的環境加重了她的心理負擔，另一方面她對斯拉夫的問題格外敏感。米列娃對布拉格惡濁的政治空氣感到難以忍受，也為斯拉夫人所受到的歧視感到不安和憤怒；而愛因斯坦被看作是講德語的德國教授。在這種特殊的、難堪的環境下，兩人原來的小摩擦逐漸加劇。愛因斯坦之所以決定回到蘇黎世，除了因為米列娃和孩子們都熱切期望回到那熟悉的環境以外，他也希望在蘇黎世那兩人初次相遇、相戀的熟悉的美好氣氛中，改善兩人之間持續惡化的關係。但這一舉措並沒有達到目的，其中的原因恐怕與他再次見到愛爾莎有關。

愛爾莎不懂科學，但她愛好文學。她的書架上擺滿了歐洲的文學作品。一九一三—一九一四年，她參加公眾的詩歌朗誦，她背誦海涅的作品，贏得了聽眾的熱烈鼓掌。為了女兒的教育，她還上過演講課程，在模仿能力上，她也屬天才之列。總之，儘管她的視野不太廣闊，但她相當敏感而且十分機智。更讓愛因斯坦高興的是，愛爾莎對家務事頗有興趣，她十分樂意照料別人：為他人烹飪，使人們之間關係變融洽，讓人們在她那裡感到自在，像在家裡一樣。這種舒適、溫暖、從容不迫，使愛因斯坦重新感到一種無法抗拒的吸引力。他的那顆心似乎在熟悉而又久違了的鄉情、親情中融化了，他這時才感到與米列娃在一起的生活，尤其是後期，實在是太糟了。米列娃的態度十分冷淡，對所有與愛因斯坦交往的人一律不信任。除了少數人以外，她連他的男同事都懷疑；如果是女性同事，即使是一般性的接觸，她也會受不了。有一位熟識愛因斯坦家事的女士在一九二六年回憶往事時說，為了避免妻子製造醜聞，愛因斯坦吃了不少苦頭。以前那種一日不見如隔三秋的親昵日子，已經一去不復返了。

在柏林的日子裡，只要一有機會愛因斯坦就與愛爾莎或她的家人在一起。他向她傾訴家庭的不和，而愛爾莎則是一個極富同情心的聽眾，還不時穿插兩句讓愛因斯坦聽得很舒服的話，這越發使得他感到與她在一起特別愜意，他還特別喜歡她對著他笑時，那種「可愛的樣子」。他們一起到柏林西南部的萬湖地區去遊玩，在那裡哈韋爾河形成了許多令人難忘的美麗湖群。湖畔是鬱鬱蔥蔥的橡樹林、樺樹林和松林，一些會引人思古的城堡點綴在樹叢間、山巔上，充滿了浪漫的風景，是談情說愛的好地方。

在寫於四月三十日的信中，愛因斯坦難以抑制地表達了自己對愛爾莎的愛，但信發出去以後，他也許又有點後悔，覺得自己過於輕挑，畢竟米列娃是與他自由戀愛結婚的，而且他們也曾有一段真心相愛的日子，在那最難挨的倒楣日子裡，是米列娃撫慰了他那顆幾乎破碎的心。這樣的時光應該是不容易被忘記的。一九一二年五月七日，愛因斯坦低調地寫了一封信給愛爾莎，說他不能閉眼不看無奈的現實，雖然他不能看一眼心愛的女人，並為此感到痛苦，但為了不使事情惡化，他只能屈從於無法挽回的事實。他還可憐兮兮地說：「我比你更痛苦，對於你來說，你只不過是不能愛你想愛的人。」想來讀者自能領會這句話中更深一層的含意。

兩周以後，五月二十一日，他再次向愛爾莎表示他們只能分手，他寫道：「這是我寫給你的最後一封信，然後就會回到不可迴避的生活中去。」

看來，愛因斯坦的確深深陷於情感的糾葛中。他對於他已有的家庭已經無法容忍，與米列娃的相處已經沒有任何讓他感到舒適、愜意之處，大學時代的甜蜜情意已經蕩然無存，剩下的只有厭惡、爭吵和摩擦。

愛因斯坦恐怕仍然出於責任感（不僅是對米列娃，還有對他很喜愛的兒子），才想控制自己奔放的情感，想中止與愛爾莎的曖昧關係，但愛因斯坦並不是一個很能控制自己感情的人，他想與愛爾莎分手，甚至決然地說了再見，但他內心深處又拒絕這麼做，因此他在五月二十一日的信中又告訴愛爾莎他在蘇黎世的新地址，以便她能繼續給他寫信。

對於米列娃與愛因斯坦的這場愛情悲劇，他們的大兒子漢斯曾在回憶中說，他親愛的母親是一個富有愛心的人，也非常需要他人的愛，但是，愛因斯坦沒有再把溫情和關愛給予米列娃了。

（二）與格羅斯曼愉快的合作——引力問題再探

儘管生活中出現了如此巨大的不幸，但這些個人的憂傷一點也沒有妨礙愛因斯坦對物理學的思考。在蘇黎世任教期間，愛因斯坦再次沉迷於引力問題之中，到一九一三年年底和一九一四年年初，對引力的研究取得了突破性的進展。在一九一一年五月的一篇文章中，一開篇愛因斯坦就寫道：

在四年以前發表的一篇論文中，我曾經試圖回答這樣一個問題：引力是不是會影響光的傳播？我之所以要再回到這個論題，是因為以前關於這個題目的講法不能使我滿意，而且我現在進一步看到了，我以前的論述中最重要的結果之一可以通過實驗得到檢驗。根據這裡要加以推進的理論可以得出這樣的結論：經過太陽附近的光線，要經受太陽引力場引起的偏轉，這使得太陽與出現在太陽附近的恆星之間的角距離表現上要增加將近一弧秒。

……我迫切希望天文學家接受這裡所提出的問題，即使上述考查看起來似乎根據不足或者完全是冒險從事。除了各種理論（問題）以外，人們還必然會問：究竟有沒有可能用目前的裝置來檢驗引力場對光傳播的影響？

愛因斯坦的想法其實很簡單：先把某顆恆星用照相機拍攝下來，然後等到日全食出現，這顆恆星被太陽遮住，這時星光從太陽旁邊經過，星光將發生彎曲，再拍攝一張照片。兩張照片對照，即可測出在兩種情形下恆星位置發生的移動距離，由此推算出星光的彎曲程度。這樣，他的極其抽象的理論就可以透過實地觀測來證實。這種想法使他十分激動，於是他請求天文學家弗洛因德利

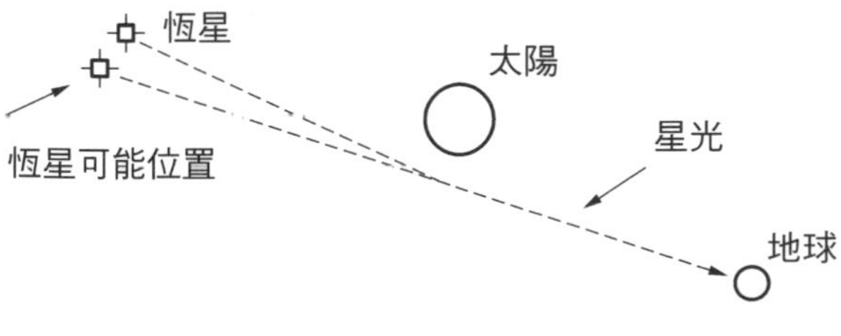

希的幫助。一九一一年九月一日，他寫信給弗洛因德利希說：

得知你願意承擔這一有趣的工作，我真是高興極了。我很清楚這件工作不是一件輕鬆的事，因為太陽大氣圈的折射可能會影響觀測。但有一件事我可以肯定：如果沒有發生我預言中的偏轉，那麼我的理論的假設就錯了。當然應該記住的是，這些假設看起來雖然有道理，但卻十分大膽。

但讓愛因斯坦幾乎無法忍耐的是，下次日食出現的時間是一九一四年九月，那時的俄羅斯南部適合作為觀測地。還需整整三年的等待！想必任何人都可以理解，這種等待是多麼難以忍受。沒有辦法，只好等待。在等待期間愛因斯坦決定進一步研究引力問題，關於引力，還有許多困難之極的問題等待他思考呢。一九一一年八月十日，他寫信給勞厄說：「用相對論來處理引力問題時碰到了極嚴重的困難。」

用狹義相對論來處理牛頓的萬有引力理論會碰到「極嚴重的困難」，這是顯而易見的。首先，在狹義相對論中，任何物體的運動、信號的傳遞，當然也包括引力的傳遞，其速度都有一個上限，即都不能大於光速。但是牛頓萬有引力定理卻認為引力的傳遞是不需要時間的。例如，太陽與地球之間相距約一．五億公里，光從太陽到達地球上需要八分多鐘的時間，但它們之間的引力傳遞卻不需要時間；不僅太陽和地球之間如此，而且茫茫宇宙中任何兩個相距無論多麼遙遠的星體之間引力的傳遞都不需要時間。這實在不可思議，連牛頓都認為這是荒謬的，但他聰明地將這個問題擱置起來，等待後人去研究。現在，這個不可思議的問題終於被愛因斯坦翻出來了：萬有引力傳播速度無限大，這與他的狹義相對論的光速不可超越的結論直接矛盾。其次，引力傳播不需要時間的結論，與他相對論中同時性的相對性也相矛盾。我們知道，正是因為光的傳播需要時間，愛因斯坦才推導出同時性的相對性，引力傳播如果不需要時間，那麼至少對於引力事件，同時性的相對性就沒有任何意義了。

還有，引力似乎不需要任何媒介就能自由自在、沒有任何拘束地馳騁於廣袤無垠的宇宙之中，這也有些匪夷所思、離奇怪誕。連牛頓自己也說：「物體可以透過真空對其他物體產生作用的說法……實在荒謬至極。任何一個具備一定哲學思辨能力的人，都不會接受它。」

愛因斯坦決心深入虎穴，把這個「荒謬至極」的問題弄個水落石出。

但是真要想把這個問題弄清楚，卻遠非愛因斯坦開始想得那麼簡單，之後的事態證明，無論是概念上的巨大改變，還是數學技能的要求，都大大超過了他的估計。如果他沒有高屋建瓴、大膽革新、張揚主體意識的精神追求，百折不撓、披荊斬棘的毅力，敏銳神會、驅遣萬象的物理直覺，精湛入微、爐火純青的數學演算技巧，要想創造廣義相對論是完全不可能的。

隨著研究的進展，他發現在時間和空間都「彎曲」的「空間」裡，新的理論將是「非線性」的，需要借助新的數學工具才能解決。而愛因斯坦在大學求學時就不大重視數學，因此他的數學知識實在不怎麼樣；他不能像牛頓那樣自己創造需要的數學工具。他意識到現在他必須努力擴展他的數學知識。在布拉格期間，他可以找匹克教授幫忙，匹克教授推薦一些書給他。隨著數學知識的增加，他的認知也在變化。

正當愛因斯坦的引力理論研究遇到了嚴重困難，並影響了他的自信心之時，一九一二年七月二十五日，他和妻子、兩個兒子離開了布拉格，回到了一家人日思夜想的蘇黎世。妻子感到愜意，兒子們則高興得大呼小叫。而愛因斯坦也得以在最困惑、最需要人幫助的時候，回到了可以幫助他的人——格羅斯曼身邊。

八月十日，他到政府機關辦理了戶口簽證，他再次成為蘇黎世居民，住在霍夫街一一六號。六天之後，即八月十六日，他寫信給霍普夫：「引力的前景光輝燦爛。如果我沒有弄錯的話，那我就已經發現了最普遍的方程式了。」一個月之前的七月十二日，愛因斯坦還對霍普夫說引力的研究「十分艱難」，怎麼到了八月十六日，就突然「前景光輝燦爛」起來了呢？不僅是霍普夫

▲ 1913年6月，愛因斯坦（前排左3）與蘇黎世的同行們合影

會丈二和尚摸不到頭腦，恐怕人人都會為這一突然的轉變感到困惑。

從愛因斯坦後來的回憶、講演中我們才得以知道，原來在這一個月裡，他得到了格羅斯曼的幫助，使他明白解決引力問題的數學工具——那就是黎曼幾何學。愛因斯坦七月底一回到蘇黎世，就把自己在引力問題中的思考和遇到的巨大困難告訴了格羅斯曼，並且說：「格羅斯曼，你一定得幫助我，否則我會發瘋的！」

格羅斯曼答應幫助他，但是附加了一個條件：對於所找到的數學資料的物理解釋不負任何責任。格羅斯曼畢竟是一位優秀的數學家，他很快就為愛因斯坦找到了相關的數學資料。第二天，格羅斯曼回復說：這種幾何學確實已經有了，那就是黎曼幾何學。

有了格羅斯曼的指點，他才終於找到了建立廣義相對論的數學工具。雖然有了正確的數學工具，但要創建瑰麗的廣義相對論大廈，還是存在著不可想像的艱難。一九三三年，愛因斯坦在英國格拉斯哥大學做的《廣義相對論的來源》演講中，回憶了這段艱難的歷程。他說道：

> 我從一九一二年到一九一四年與我的朋友格羅斯曼一起研究這些問題。……它們使我做了兩年極端艱苦的工作，直到一九一五年年底，我才最後認清了它們的本質，在我懊喪地回到黎曼的幾何以後，又成功地把這理論和天文學上的經驗事實結合了起來。
>
> 從已得到的知識來看，這愉快的成就好像是理所當然的，而且任何有才智的學生不用碰到太多

困難就能掌握它。但是，在黑暗中焦急地探索著的年代裡，懷著熱烈的期望，時而充滿自信，時而精疲力竭，而最後終於看到了光明——所有這些，只有親身經歷過的人才能體會。

在此之前，愛因斯坦從來沒有用筆墨如此訴說自己工作的艱辛，僅此就足以說明廣義相對論的創建是何等的困難！

一九一五年是取得重大勝利的一年，他修正了自己在概念上的一些錯誤，完成了廣義相對論。由於這一成功，如像當年狹義相對論解釋了邁克爾遜乙太漂移實驗零結果，而使他絕對信任狹義相對論一定是正確理論一樣，現在他完全相信廣義相對論一定是正確的理論，他絲毫也不懷疑他的理論了。他在一九一五年十二月九日給索末菲的信中興奮地要索末菲一定要抽出時間看看他的引力方程式，他寫道：「你一定要仔細研究一下它們，這是我一生中最有價值的發現。」十二月三日他寫信給章格：「這個理論真是無可比擬的優美。」十二月十日，他給貝索的信中寫道：「我最大膽的夢想終於實現了。」過了十一天，他又寫信給貝索說：「你一定要讀一讀這些論文！它使我從困境中得到了徹底的解脫。」

第十章

德國科學院院士

愛因斯坦厭惡普魯士人那種冷酷得近似機械的態度，這種冷酷和熱衷於無條件服從的普魯士人的生活態度，和他那熱愛自由和自由思考的天性格格不入。他曾經說：「這些黃髮碧眼的冷酷人使我覺得不自在，他們對其他人沒有心理上的理解能力，每一件事他們都得有清清楚楚的解釋才行。」

當他到了瑞士以後，他幾乎以狂喜的心態接受和愛上了這個有著田園風光和自由自在的國家。正是在這片國土上，愛因斯坦由一個高中生成長為一個世界級頂尖科學家。當他離開蘇黎世到布拉格大學任教時，他無限留戀瑞士，並迫不及待地在任職一年後返回了瑞士。人們也許會預期，已經成為教授和受到瑞士特殊關照的愛因斯坦恐怕不會輕易離開瑞士了。但是，一九一四年，愛因斯坦不但離開了瑞士，而且還來到了德國，來到了柏林任職。這不僅僅引起了他的好友們的驚訝，而且這一件事幾乎成了愛因斯坦生活中的一個謎。

愛因斯坦究竟為什麼又回到以前和此後如此厭惡的德國呢？回到德國，對他是幸，還是不幸？

（一）柏林成為世界科學中心之一

一九一〇年十月十一日，德國皇帝威廉二世在柏林大學百年慶祝大會上宣布了他雄心勃勃的計畫：創建獨立的研究院作為整個科學機構的一部分。

一九一一年一月十一日，威廉皇帝學會正式成立，並決定首先建立一個化學研究院。化學研究院的正式落成儀式於一九一二年十月十二日舉行，威廉二世親自出席了儀式。哈恩、邁特納等許多優秀科學家先後進入了這個研究院。後來，威廉皇帝物理化學和電化學研究院也成立了，由哈伯任所長。接下來學會想成立威廉皇帝物理研究院，這就與愛因斯坦這位未來的「所長」有關係了。

由於威廉二世重視科學事業的發展，加上採取了「官辦民助」兩條腿走路的正確方針，德國的科學技術事業急起直追、迅速發展。

在基礎科學研究上，德國的確讓世界科學界感到驚訝。哥廷根大學的數學研究水準，柏林的物理、化學、生物學和醫學的研究水準，都進入了世界的最頂尖。我們以獲諾貝爾獎為例，在愛因斯坦一九一四年來到柏林以前，在十三屆的頒獎中，獲自然科學獎的共四十六人，其中德國人有十三人，占二八・二六%；在同一段時間裡，法國只有八人獲獎，英國只有四人獲獎，美國只有邁克爾遜一人在一九〇七年獲物理學獎。一九〇一年第一次頒發諾貝爾獎時，三項科學獎中有二項為德國科學家獲得（物理學獎得主倫琴，生理學或醫學獎得主貝林）；而另一項化學獎得主范托夫，他的國籍雖是荷蘭，但從一八七八年起他就在德國大學任教，而且是德國科學院院士。由這組資料我們可以看出，德國在一九一四年以前的科學研究水準已居於世界領先地位。德國科學界人才濟濟，在柏林，僅物理學界就有普朗克、能斯特、魯本斯、佛蘭克、赫茲這些世界級大師，化學界則更是群英薈萃、耀眼奪目。全世界的有志於從事科學研究事業的年輕人，都湧向哥廷根、慕尼黑，美國後來的科學帶頭人（包括邁克爾遜）幾乎都在德國留過學。

柏林，作為世界科學的中心，地位超過了倫敦、巴黎，對任何一個科學家都很有吸引力。全世界的科學家都十分關注柏林科學院每週一次的會議，說不定又有什麼創造性的思想在會議的談話中不經意地流了出來。

（二）德國的召喚

到一九一三年，愛因斯坦已是物理學界的耀眼明星。這年的十月，第二屆索爾維會議在布魯塞爾召開，愛因斯坦非常高興地接受了邀請，但他正忙於研究引力問題，因此對正熱的原子物理學沒有多大興趣（或者說沒有時間，顧不上），因此一再聲明不能為會議提供文章。雖說如此，面對這樣一位科學巨星，加上他原來就是德國人，柏林科學界的有識之士絕不會視而不見，聽任他留在國外。柏林的能斯特早在一九一〇年就打算把愛因斯坦留在柏林，但未能達到目的。到了一九一三年，柏林科學界對愛因斯坦更加關注了。這年一月，哈伯與教育部商量，是不是可以在他領導的研究院裡為愛因斯坦提供一個優越的職位。過了不久，柏林的兩位科學界領袖人物普朗克和能斯特為了試探愛因斯坦是否有可能移居柏林，專程去蘇黎世探詢。他們向愛因斯坦透露了一個誘人的消息，即在柏林，將有身兼多職的工作等待著他去擔任：領取特殊薪水的普魯士科學院院士、可以不講課的柏林大學教授、即將建立的威廉皇帝物理研究院的所長。

這些誘人的榮譽和職務，是多少人畢生奮鬥而終未能獲得的——哪怕是其中的一個！而年僅三十四歲的愛因斯坦卻由別人拱手送上這些榮譽，還唯恐他不接受。最有意思的是，如果從「政治條件」上說，愛因斯坦並不是德國皇帝中意的合適人選，因為愛因斯坦是猶太人，尤其是他為了不服兵役等，還自願放棄了德國國籍，但經濟、科學水準正處於迅速上升階段的德國似乎相當的開明，居然既往不咎。

愛因斯坦對來自柏林的召喚給予積極的回應，於是柏林科學界立即開始積極行動。首先，普朗克、能斯特、魯本斯和瓦爾堡聯名寫了份推薦愛因斯坦為普魯士科學院院士的推薦信。

一九一三年六月十二日，他們把推薦信交給了科學院；七月三日，科學院的物理、數學分部進行了不記名投票，結果二十一票贊成，一票反對。看來柏林方面是不會有什麼阻力了，普朗克和能斯特決定在七月十二日再次去蘇黎世，讓愛因斯坦把這事敲定。現在輪到愛因斯坦做出最後的決定了。雖然愛因斯坦對柏林提供的榮譽、條件有些感到意外，但真要下決心回到柏林那令人不舒服的環境下工作，恐怕他還是有點猶豫。

普朗克和能斯特可不能讓愛因斯坦猶豫下去，他們身負重託，還要趕快回去回饋結果呢。於是他們根據愛因斯坦的要求，給他一天的時間考慮，並根據傳統的方法來確知愛因斯坦是去柏林，還是不去。他們兩人去楚格湖畔的里吉山觀賞湖光山色，而愛因斯坦就用這一天的時間仔細考慮。到傍晚，愛因斯坦到火車站接他們時，如果同意去柏林就手拿一束紅花，如果拒絕去就拿一束白花。

這種傳統的方法有一個好處，那就是不必開口說出讓對方難堪、失望的話。普朗克和能斯特在傍晚結束觀光回到蘇黎世，他們下車時，欣慰地看到愛因斯坦拿著一束紅色的花在車站等他們，他的臉上還有淺淺的笑意。

普朗克和能斯特不負重託，回柏林交了差。接著，七月二十四日，科學院常務會議批准了普朗克等人的建議。三個多月以後，十一月十二日，威廉二世批准了對愛因斯坦的任命。於是，愛因斯坦正式成為普魯士科學院的院士，年薪高達一萬二千馬克。

愛因斯坦收到正式下達的通知以後，從蘇黎世回了一封很恭敬的信給柏林科學院，信中寫道：

> 對於你們選舉我擔任貴院正式院士，我表示由衷的感謝。我謹此聲明接受這一選舉，並深深地感謝你們使我在你們中間獲得一個職位，從而使我擺脫職業的負擔，能夠全心全意地獻身於科學工作。當我一想到自己每天思想上暴露出來的弱點，就會對這一崇高褒獎顯露出惴惴不安的心情。但是，有一種想法促使我鼓起勇氣接受這次選舉，那就是對一個人來說，所期望的不是別的，而僅僅是他能全力以赴、獻身於一種美好的事業。正是在這一點上，我覺得自己還是能勝任的。

愛因斯坦還向普魯士科學院表示，他希望於一九一四年四月開始在新崗位就職。一九一四年四月初，愛因斯坦來到柏林，並在柏林定居，直到一九三三年十二月。關於愛因斯坦來到柏林後初期的生活、工作，我們在以後還會詳細涉及，現在要討論的是一個人們很感興趣的問題：愛因斯坦到底出於什麼原因決定接受柏林的邀請？

在蘇黎世，除了教學任務過重使愛因斯坦感到煩惱以外，與米列娃不愉快的相處，恐怕也讓愛因斯坦無法平靜地生活和工作。一九一三年十二月，愛因斯坦寫信給愛爾莎，信中寫道：「我對待我的妻子就像對待一個雇員一樣，只是我不能解雇她。我有自己的房間，並且儘量避免與她單獨地待在一起。」而在這年的三月十四日，他給愛爾莎寫信說：「最遲明年我就會到柏林長期住下去。……我還在盼望著如何與你在一起度過美好的時光。」

想離婚，但法律又不允許愛因斯坦違背米列娃的意願而離婚，住在一起又「儘量避免與她單獨地待在一起」，這是何等痛苦與讓人煩惱的事情啊！十多年前的溫情，十多年前那「甜美可愛的小東西」早已隨風飄逝、蕩然無存了，剩下的是厭惡、敵意。雖說愛因斯坦是頂尖級的科學大師，但他也是肉體凡身，生活中持續的怨恨和爭吵，也會使他失去靈感，他太需要擺脫這種環境。在這種情形下，移居柏林對愛因斯坦來說恐怕是自動擺脫家庭苦惱的一個最好的辦法。在一九一三年十二月底他寫給愛爾莎的信中，他似乎透露了這種想法，他告訴愛爾莎說：「我妻子不停地向我抱怨對柏林和對家庭的恐懼。她感覺她受到了迫害，並且感到害怕。她說，三月底是她最後的平靜時刻。她說得很有一些道理。」

愛因斯坦寫這封信時，米列娃正在柏林，她是耶誕節過後不久到柏林的，她到柏林是想為他們找一處合適的住所。在埃倫伯格街三十三號她租下了一間很寬敞的公寓，那裡離哈伯的物理化學和電化學研究院僅十分鐘步行的距離。愛因斯坦猜對了，米列娃後來由於「恐懼」，在這裡沒有住多久，就在沒有離婚的情形下，帶著兩個兒子返回了蘇黎世。

除了以上兩個主要原因促使愛因斯坦接受柏林的邀請以外，還有兩個次要的原因。一個原因是柏林的科學界很有吸引力，那裡有各門學科的世界一流科學家，包括天文學家。一九一三年冬，他在給章格的信中提到，與柏林同事們的接觸對他很有鼓舞作用，而且，「在那時候，天文學家對我來說尤為重要」。這是可以理解的，柏林的物理學家們包括普朗克在內，都對他的引力理論持懷疑、反對的態度，一時間想說服他們恐怕不容易，然而引力紅移和光在引力場中的彎曲，卻可以由天文學家用觀測證實，而柏林恰好有相信廣義相對論的天文學家弗洛因德利希。之後的事實也正好證明，正是天文學家在一九一九年用觀測證實了引力理論以後，物理學家們才轉而相信了新的引力理論，愛因斯坦本人也因此一夜之間成了世界最著名的人物。另一個原因也許與柏林給予愛因斯坦極高的榮譽（院士、研究院所長）和更豐厚的待遇有關。但從愛因斯坦一生淡泊名利的品格來看，這一原因雖說不可否定，但不會是重要的原因。在大學畢業後，失業的痛苦襲擊愛因斯坦時，薪水對他來說至關重要，但從布拉格返回蘇黎世以後，他的薪水已經足以保證他過上很舒適的日子，這時更高的薪水已不具有當年的吸引力了。

總之，愛因斯坦在多種原因的促使下，離開了他一直不能忘卻的、一直愛戀的瑞士，來到了他心裡頗為厭惡的德國首都柏林。從內心來說，他從來就沒有愛過德國，而把瑞士作為夢中的故鄉。

（三）離別蘇黎世，來到柏林

一九一三年八月初，居禮夫人和她的兩個女兒來到蘇黎世，與愛因斯坦和他的兒子漢斯一起徒步旅遊。居禮夫人的女兒艾芙記下了當時的情景：

到一九一三年夏天，瑪麗背著背囊徒步遊歷昂加地納，想藉此測試自己的體力。她的女兒們和她們的保姆陪著她，這一組旅行者中還有阿爾伯特・愛因斯坦和他的兒子。幾年來，居禮夫人和愛因斯坦之間有極好的「天才友誼」，他們彼此欽佩，他們的友誼是坦誠而且忠實的。他們有時候講法語，有時候講德語，喜歡不斷地討論物理學理論。

孩子們在前面跳躍著作先鋒，這次旅行使他們高興極了。隊伍後面，那個愛說話的愛因斯坦精神煥發，對他的同伴敘述他心裡縈繞著的一些理論，而瑪麗因為有極豐富的數學知識，是歐洲極少數能瞭解愛因斯坦的人之一。

伊倫娜和艾芙有時候聽見幾句有點奇怪的話，覺得很驚訝。愛因斯坦因為心裡有事，不知不覺地沿著一些懸崖道路向前走，並且攀登了一個極峰，而沒有注意到他走的是什麼樣的路。忽然他站住了，抓住瑪麗的手臂，喊著說：

「夫人，你明白我需要知道的是，當一個升降梯墜入真空的時候，乘客會出什麼事……」

這樣一個動人的憂慮，使那些年輕的孩子們哄然大笑，他們一點沒有猜想到這種想像中的升降梯墜落，含有「相對論」上一些高深的問題。

一九一四年二月九日，愛因斯坦向蘇黎世物理學會做了告別演說。一九一四年三月十六日，愛因斯坦最後一次到赫維茲家，參加家庭演奏會。

三月二十一日，愛因斯坦離開了蘇黎世。這次離開蘇黎世以後，除了短期探親訪友和講學以外，他再沒回到蘇黎世長住。他繞道萊頓，再到柏林與家人會合；而米列娃則在所有傢俱被裝上車運往柏林以後，和漢斯、愛德華到瑞士東南部的一個小城市洛迦諾小住了一段時間，這時已滿三歲的愛德華身體不好，整個冬天幾乎總在生病，因此米列娃希望到比較溫暖的東南部，讓愛德華恢復健康。

一九一四年四月，愛因斯坦來到柏林，全家住進了埃倫伯格街三十三號。到了柏林後不久，他在四月十日寫信給埃倫費斯特說：「在柏林一切都順利，有一套很好的住所，還有一位有趣的同事哈伯。我還沒有見到其他物理學家。」五月四日他寫信給赫維茲說：「出乎意料地，我正在相當順利地融入此地的生活。內心的平靜只是在遇到某些苛求時才被破壞，例如穿衣以及一些雞毛蒜皮的小事。由於某些年長者的堅持，在這些事情上我

▲ 愛因斯坦和居禮夫人在日內瓦。他們相處融洽，兩家還一起到阿爾卑斯山過暑假

都服從，免得本地人把我歸入敗類之列。科學院按實際情況來說，極像一所高等學校的一個系。我覺得，大多數院士只是在簽名列舉他們堂而皇之的學術封號時，才威嚴地抖開自己的孔雀尾巴。在其他方面，他們還是挺好相處的。……玩提琴我暫時還顧不上，別的事情太多。我現在懂得柏林人自滿自負的原因了。這裡的觀感太多，自身的空虛不像在比較寧靜的地方時那樣能夠尖銳地被感覺出來。」

雖然在信中他說「相當順利地融入此地的生活」，但在柏林他自然有一種陌生感和孤獨感，這主要是因為德國的知識份子在經歷了俾斯麥和威廉二世的統治時代以後，大部分都轉向了國家主義，自願（或非自願）地對德意志帝國的意識形態俯首貼耳。這種氣氛日益增強，使得他們對人對事都夾雜著一些種族上的優越感。在二十世紀二〇年代初這種優越感還不那麼明顯，但愛因斯坦卻已經完全感覺到了。後來正是這種優越感惡性發作，成為德國人兩次發動世界大戰的原因之一。

雖然普朗克盡力讓愛因斯坦感到賓至如歸，但愛因斯坦仍然無法消除那種陌生感和孤獨感。正如愛因斯坦的好友佛蘭克所說：「普朗克這種人，在情緒上及觀念上和愛因斯坦迥然不同，他們唯有在理性的論證之下，才能互相溝通。……當薛丁格來到柏林做普朗克的繼承人之後，這種施加在愛因斯坦身上的普魯士式的冷漠與機械思考減輕了許多。」

拜訪每一位院士，也是讓愛因斯坦頭疼的事。有一個笑話頗能說明愛因斯坦的尷尬和無奈。他聽說心理學家史滕夫院士對空間觀念有幾分興趣，於是他滿以為他們之間可以談一些彼此都有興趣的話題，也說不定這次交流對研究相對論有某些啟發，因而他懷著高興的心情去拜訪這位院士。他大約在上午八點到達史滕夫家，女僕說院士不在家，於是愛因斯坦就到不遠處的公園散步。到下午二點再去時，「院士在午睡」，女僕為難地說。愛因斯坦最怕讓別人不自在，於是急忙說：「沒關係，沒關係，我等會再來。」他又散步去了，反正散步時他照樣可以思考問題。到了四點再來時，他終於見到了院士。

愛因斯坦高興地對那位女僕說：「你看，有耐心和毅力的人終究可以得到回報的！」

院士夫婦以為愛因斯坦一定是來做正式拜訪的，他們十分高興，禮貌有加。但愛因斯坦卻完全缺乏這種訓練，還沒說上兩句話就大談廣義相對論的種種設想及現狀，那位心理學院士哪裡擁有如此深奧的數學基礎，以至於他根本聽不懂愛因斯坦在說什麼，所以，他插不上話，只好聽憑愛因斯坦一個人滔滔不絕。講了大約四十分鐘，愛因斯坦才突然從院士一臉無奈的臉色中悟出，自己是來做禮節性拜訪的。但時間已經拖得太久，實在不便再留，於是他連忙起身告辭，一句禮節性的話也沒有說出口，弄得教授十分尷尬，連「喜歡柏林嗎？」、「夫人和孩子到了柏林還適應吧？」之類的應酬話也一句沒說。唉，這個特立獨行的怪人！

當然也有讓愛因斯坦高興的事情。每週一次的物理學討論會，讓愛因斯坦覺得很有意義，很有價值。在每週的會議上，討論的是物理學最近的一些研究進展。這種討論可以使在不同領域中做研究的物理學家們交換各種新發現和新理論。佛蘭克說：

在愛因斯坦停留柏林的日子（一九一四—一九三三）裡，柏林討論會的精彩程度遠非世界其他各地會議所能及。

的確如此，這裡聚集著七、八個已經獲得或日後即將獲得諾貝爾物理學獎的物理學家，與這些人一起討論，即使傑出如愛因斯坦，也會覺得很有價值。這種討論使愛因斯坦減少了許多閱讀的時間。他按時參加每次的討論會，在會上，他總是個活躍分子。他喜歡把問題分解開來，所做的批評也常使與會之人大為激賞。而且，他所提出的問題本身，也往往產生刺激性的影響。愛因斯坦理解問題之快是沒有人會懷疑的，因此他常會不假思索地問一些別人會認為是很天真的問題，但是這種天真的問題卻常是最富有啟發性的，因為他們經常討論的都是一些最基本而無人敢觸及的內容。大部分的專家都相信他們瞭解最基本的內容，需要的只是尋求如何解釋次要的內容，然而愛因斯坦的問題則常在懷疑一些似乎可以不證自明的原理，這使得討論會更具有特殊的吸引力。一九三三年，愛因斯坦離開柏林以後，討論會就顯得暗淡許多。

除了非常有價值的討論吸引愛因斯坦以外，還讓愛因斯坦高興的是家庭舉行的小型音樂演奏會。愛因斯坦和他的小提琴很快就成了普朗克家中的客

▲ 愛因斯坦在柏林家中的書房

▲ 著名女物理學家邁特納

聽音樂晚會的常客。在物理學最具革命性的時期當一個物理學家，似乎沒有比柏林更好的地方了。

麗絲・邁特納當時與哈恩一起在威廉皇帝學會研究放射性化學。當邁特納在維也納大學念書時，她見過愛因斯坦；她第二次見到愛因斯坦是在薩爾茲堡會議上，那時愛因斯坦三十歲，比她還小半歲，但他已經是名人了。後來她在回憶中說：

> 我想，大概是在愛因斯坦到柏林幾個月後的一天晚上，普朗克家裡舉辦家庭音樂會。普朗克彈鋼琴，愛因斯坦拉小提琴，還有一位專業音樂家拉中提琴，即使愛因斯坦拉得有點走調，這次演奏會也為大家帶來極大的快樂。愛因斯坦顯然十分喜歡音樂，他還以無拘無束的大笑對自己欠佳的表演表示慚愧。演奏完了以後，普朗克站起來，面部表情十分平靜但閃耀著興奮的光輝，他把手放在胸前說：「多麼美妙的第二樂章！」後來我與愛因斯坦一起離開時，他突然問道：「您知道我嫉妒您什麼嗎？」當我吃驚地看著他時，他說：「您的老闆。」那時我還是普朗克的助手。

普朗克努力使他的家成為「歡迎來賓之家」，每兩周喜歡音樂的人用不著特別的邀請都會自動聚集於此。哈恩是位不錯的歌手，他曾因此驕傲地宣稱：「我天生是一個出色的男中音，只不過缺乏訓練。普朗克勸我找一個音樂教師練習唱歌，說不定我真能弄出點什麼名堂來。」

普朗克的花園般的住宅裡充滿了音樂。他具有專業音樂家的鋼琴演奏技能。普朗克的演奏不僅僅是他消遣、娛樂的手段，這還是他在生活中精神不受約束的唯一活動。也許出於同樣的原因，愛因斯坦特別喜歡參加普朗克家中的音樂演奏會，在這種音樂會中的感受，是多麼美好啊！

可惜這美好的時光被戰爭覆上了沉重的陰影。第一次世界大戰爆發了，戰爭改變了人類的一切。關於這次戰爭，下面還會詳細談到。

（四）離婚和再次結婚

到了柏林以後，愛因斯坦和妻子米列娃的關係日益惡化，這時愛因斯坦也許會後悔自己當年沒有聽雙親的意見，一意孤行，造成這種難堪局面。

一九一四年五月底，埃倫費斯特夫婦曾到柏林拜訪過愛因斯坦，還在他的新家住了一個星期。埃倫費斯特非常喜歡他們的大兒子漢斯，還帶兩個孩子去動物園，孩子們十分開

▲ 愛因斯坦在演奏小提琴

心，但客人們發現米列娃心情憂鬱。當時埃倫費斯特還十分不瞭解米列娃憂鬱的原因，後來他才知道米列娃的憂鬱不安與「第三者」愛爾莎有關。

米列娃和愛因斯坦在婚後很長一段時間關係一直不錯，米列娃有時也陪著愛因斯坦出國旅行，例如她曾陪同愛因斯坦到荷蘭的萊頓去拜訪勞倫茲。愛因斯坦的親戚們幾乎都不大喜歡米列娃，尤其是愛因斯坦出名以後，他們更加覺得這樁婚事實在不匹配。米列娃原來腳就有些跛，後來腳又不時地十分疼痛，這也許與生育、撫養兩個兒子有些關係。有了兒子，她越來越不注意打扮自己，加上因撫育兩個兒子，她成了典型的家庭婦女，當年讀大學時的願望已成過眼雲煙，有時回首往事，她不免因為自己的付出而傷心和抱怨。後來嚴重的腿疼導致行走困難，她的精神日益沮喪，抱怨也隨之增多。再加上「第三者」的插足，她的心情可想而知。

▲ 1914年6月的愛因斯坦與哈伯

一九一三年三月十二日，米列娃給好友海倫・薩維克寫信抱怨說：「我的丈夫現在只為他的科學而活著，對家庭幾乎全不在意了。」

到了柏林後，問題加劇到無法調解，最後兩人只好分居。愛因斯坦寫了一份備忘錄給米列娃，向她提出了繼續共同生活的條件，而除非有社會方面的需要，她必須放棄和他的個人關係。她不能指望從他這裡得到溫存，以後不再一起外出或旅行……

這是多麼令人難堪的條件呀！米列娃終於放棄了任何希望，於一九一四年六月帶著兩個兒子離開柏林，還帶著滿腔的心酸和怨恨回到蘇黎世，從此再沒有離開這個她喜愛的地方。愛因斯坦的好朋友貝索從蘇黎世來到柏林，把朋友無助的妻子和兩個兒子帶回瑞士，愛因斯坦把他們送到火車站，哈伯也一同前往送行。哈伯後來說：「愛因斯坦從火車站回來時，眼裡含著淚水。」

▲ 愛因斯坦、愛爾莎與卓別林

米列娃回蘇黎世，一定使愛因斯坦鬆了一口氣，但離開兩個兒子卻使他非常傷心。接著，愛爾莎不再遮掩地走進了他的生活。

一九一九年二月十四日，蘇黎世的法庭終於批准愛因斯坦和米列娃離婚，並規定愛因斯坦應該負責孩子的養育費，他有權在假期接兒子們和他同住；另外，愛因斯坦被命令在一家瑞士銀行中存入四萬德國馬克，其利息歸米列娃支配；還有，愛因斯坦如果獲得了諾貝爾獎（這幾乎被人認為是肯定的事），他必須把獎金全數付給米列娃；最後，在兩年內愛因斯坦不得再婚，不過這個條件只在瑞士境內才有效。

一九一九年六月二日，愛因斯坦與愛爾莎結婚。一九二二年，愛因斯坦獲得一九二一年的諾貝爾物理學獎。一九二三年，他將全部獎金（約三萬二千美元）轉給了米列娃，米列娃用這筆錢在蘇黎世買了三棟房子，其中一棟在胡騰街六十二號，她一直住在那裡，直到一九四八年八月四日因病去世。

愛因斯坦的母親一直不喜歡米列娃，對於新媳婦愛爾莎卻十分滿意，在他們結婚後半年，她因病搬到愛因斯坦家，與他們共同生活。關於愛爾莎，偉大的演員卓別林在他的自傳中曾風趣地寫道：「她是一個充滿活力的女人，她顯然很高興成為這位偉人的妻子，而且根本不隱瞞這一事實，她的熱誠使人們感到親切。」

—第十一章—

第一次世界大戰

Albert Einstein

一段電報終於變成了火炬，點燃了一九一四年的世界大戰。一段發自維也納的電報被發布在克羅地亞的雜誌《斯羅波蘭》上，內容是說奧地利皇儲弗朗茲・斐迪南大公將於六月二十八日訪問塞爾維亞首府塞拉耶佛，並決定在附近的山地檢閱奧匈帝國軍隊的演習。

塞爾維亞祕密小組的愛國者們讀了這段電報後震怒了，認為這是新的壓迫者在蓄意向塞爾維亞人挑釁。六月二十八日是一個對塞爾維亞人有特殊意義的日子。一三八九年的六月二十八日，古塞爾維亞王國被土耳其人征服；一九一三年第二次巴爾幹戰爭爆發也是在這一天，塞爾維亞人戰勝了土耳其人，終於得以報仇雪恥。現在，奧地利統治者竟然又選擇六月二十八日來向塞爾維亞人炫耀武力，想讓塞爾維亞人屈服於武力之下。

祕密小組的成員立即做出決定：必須將暴君

▲ 斐迪南大公和他的妻子進入塞拉耶佛市區不久，暗殺事件就發生了

置於死地。他們同時決定由一個名叫加夫里奧・普林西的人作為執行人。

六月二十八日，斐迪南大公和他的妻子乘火車到波士尼亞，當他們乘汽車進入塞拉耶佛市區時，遭到普林西謀殺身亡。

八月，一場世界大戰爆發了。

各國的科學家也都被捲入了人類第一次世界性的相互屠殺之中，而且他們中有一部分人以他們具有的科學知識，使這次屠殺變得格外殘酷。

（一）各國科學家捲入了戰爭

六月二十八日的刺殺事件之後，德國科學界一如既往。一九一四年七月二日是星期四（刺殺事件後第四天），愛因斯坦在科學院的大會上，做了他的就職演說。在演說中，他照例談到新的引力理論。

愛因斯坦十分明白，在引力理論的研究中，他不會得到普朗克和德國絕大部分科學家的支持，但他根本不在乎這一點，他相信自己的理論是正確的，更何況到八月二十七日，弗洛因德利希會到俄國南部觀察日食，這次觀測將會證明他的預言和計算是正確的，到那時，一切懷疑、爭論，將會煙消雲散、冰消瓦解。

可是他沒料到，第一次世界大戰不僅使這次觀測沒能實現，而且使他對「發了瘋」的德國科學家感到無法理解和非常失望。他更沒有料到的是，許多優秀的科學家在這場彼此屠殺的戰爭中，熱情地為軍隊製造殘酷的殺人武器，還有許多優秀的科學家，本來在和平環境中可以為科學和人類做出偉大貢獻，但卻在這場愚蠢的、殘酷暴虐的戰爭中丟掉了寶貴的生命。這一切都發生在一九一四年八月份以後。

在柏林，人們帶著難以置信的熱情投入了戰爭，那些暫時不能上前線的人則以向即將開赴戰場的人表示熱愛、崇敬來顯示愛國的熱情，火車站上整天有著節日似的歡欣鼓舞的景象。哈恩、佛蘭克、赫茲和蓋革都立即被召入伍，離開了研究崗位。人們確信在耶誕節前後他們就會帶著勝利回家。哈伯和能斯特為德國軍隊製造毒氣，其中哈伯製作的毒氣最受軍事長官的歡迎，因為殺傷力特別大，後來他因為諸多貢獻（包括用空氣中的氮合成氨）而晉升為陸軍上尉，他激動得流下了熱淚。連平時明智的普朗克也狂熱起來，他

▲ 哈恩和他的同事們都穿上了軍裝，左1為哈恩，右1為赫茲

利用校長的權力，以「正義戰爭」為幌子，鼓動大學生們參軍報效祖國。他向學生們召喚：「德國已經失去了忍耐力，拔出利劍，對準那陰險狡詐的背叛的滋生地。」

著名奧地利作家褚威格在他的《昨日的世界：一個歐洲人的回憶》一書中寫道：

第二天早晨就到了奧地利！每個車站上都張貼著宣布戰爭急動員的告示。列車上擠滿了剛剛入伍的新兵，旗幟飄揚，音樂聲震耳欲聾。在維也納，我發現全城的人都頭腦發昏，對戰爭的驚恐突然成了滿腔熱情。……年輕的新兵喜氣洋洋地在行軍，臉上非常得意……

說實在話，我今天不得不承認，在群眾最初爆發出來的情緒中確有一些崇高的、吸引人的地方，甚至有使人難以擺脫的誘人之處……

在英國，一位年輕有為的物理學家莫斯萊本來可以不到前線去，但為國報效的偉大精神激勵著他，他堅持入伍，成了一名工程兵中尉。在參軍前他立下遺囑，如果自己犧牲了，就把他所有的書及遺產全部捐贈給英國皇家學會。一九一五年八月十日，在土耳其加里波利半島上的一場戰役中，一顆子彈奪去了他的生命，那年他才二十七歲。他的死為科學界造成了巨大的損失，如果不是這場愚蠢的戰爭，他很快就會得到諾貝爾獎的。

關於莫斯萊的死，美國著名物理學家密立根說了一段人們永遠不會忘記的話：「有一項研究註定要被視為科學史上構思最精妙、執行最熟練、成果最具啟發性的研究之一，在該研究中，一個二十六歲的年輕人打開了一扇窗，使我們能夠以前人不敢夢想的確定性開始認識亞原子世界。如果歐洲戰爭除了扼殺了這個年輕的生命外，沒有別的結果，單憑這一點，這場戰爭就會成為歷史上最醜惡和最無法彌補的罪行之一。」

科學界為了紀念這位年輕而又卓越的人物，把物理、化學中的五個自然規律用他的名字命名，它們是莫斯萊公式、莫斯萊數（即原子序數）、莫斯萊序列、莫斯萊圖和莫斯萊定律。

一位詩人說：「殺一個人便被法律判為謀殺，絞刑架高舉起莊嚴的手臂；而謀殺成千上萬的人，卻是輝煌的戰爭藝術，享有花哨的美名，流芳千古。」

能看清楚這場悲劇的人，在柏林恐怕只有很少很少的人，而愛因斯坦是其中的一個清醒者。

（二）〈告文明世界宣言〉

當德國皇帝壓抑不住自己興奮的心情而迫不及待地向俄國、法國宣戰時，德國的一些科學家積極地用各種方式支援政府，為政府製造更先進的殺人武器；當德國政府背信棄義，違背國際公約，入侵比利時的時候，德國最有教養的一群高級知識份子不顧最基本的事實，造謠誣衊，公開拋出了為世人所不齒的〈告文明世界宣言〉。

比利時是中立國，這種中立得到過歐洲列強認可，但德國卻完全無視這種公意，於一九一四年八月十三日悍然入侵比利時，進軍布魯塞爾。身著青灰色軍裝的士兵像潮水、雪崩、洶湧的洪水，沖進比利時。這種入侵行為說明德軍已經徹底喪失了人性。

在德國之外，人們對德國入侵的獸行不僅是震驚，而且開始抗議，並指責德國人背叛了由貝多芬和歌德等偉大德國學者、藝術家們鑄就的優秀的民主文化傳統。這些抗議引起了德國政府的關注，以至於他們也覺得必須為自己遮羞和塗脂抹粉，否則會在一般人民中引起思想「混亂」。於是在政府的唆使下，德國知識份子捏造出，把他們永遠釘在歷史恥辱樁上的〈告文明世界宣言〉。

這份宣言在六個問題上做了否定，每個否定都是以「事情並非如此……」開頭，透過這些否定，這份宣言拒不承認德國發動的戰爭有罪，拒絕為入侵比利時承擔責任，並宣稱如果不搶在協約國之前行動，德國就會被屠殺……總之，德國站在正義的一方，沒有任何過錯，過錯都在協約國一方。最後，德國學者們在宣言中無恥地聲稱：任何反對德國軍國主義的人，必然是反對德國文化。宣言中寫

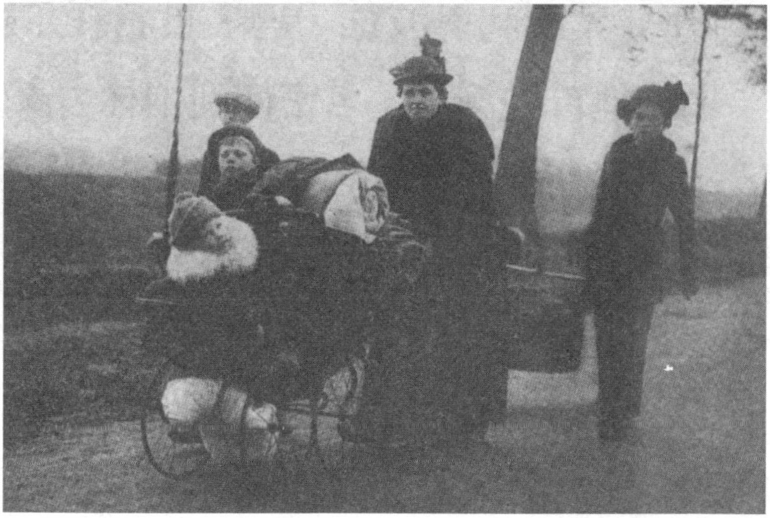

▲ 比利時人紛紛逃離他們的家園

道：「請相信我們吧！作為一個文明民族，一個擁有歌德、貝多芬和康德的傳統——這比家庭和故土還要神聖不可侵犯——的民族，當我們說我們將把這一抗爭進行到底時，請相信我們！……我們以我們的名聲和榮譽擔保！」

有九十三位享有某種國際聲譽的藝術家、科學家、牧師、詩人、律師、醫生、歷史學家、哲學家和音樂家在宣言上簽了名，其中有著名科學家海克爾（著名進化論者）、倫琴（一九〇一年獲諾貝爾物理學獎）、埃利希（一九〇八年獲生理學或醫學獎）、勒納（一九〇五年獲諾貝爾物理學獎）、威恩（一九一一年獲諾貝爾物理學獎）、費雪（一九〇二年獲諾貝爾化學獎），還有後來獲諾貝爾獎的普朗克、哈伯、能斯特等人。

十月四日，宣言在報紙上發表了。最具諷刺意義的是，在同一天的報紙上，整個頭版都是德國軍隊在比利時北部城市安特衛普進行屠殺的報導。愛因斯坦看了這份宣言後，立即感到德國人欲蓋彌彰卻圖窮匕見，但更讓他吃驚和痛心的是，他發現在簽名者中竟然有他的好朋友普朗克、能斯特、哈伯和費雪。愛因斯坦怎麼也想不到，真正具有紳士風度的普朗克，竟然會愚蠢到連政治野心家的謊言都看不出來，還在宣言上簽名！

愛因斯坦是瑞士公民，因此沒有人向他要求簽名，這當然避免了許多難堪和衝突，但愛因斯坦並沒有因此而默不作聲。他從戰爭一開始，就認知到這場戰爭是可恥的，在一九一四年八月十九日給埃倫費斯特的信中，他在驚詫之餘痛心地寫道：

歐洲在她發瘋時幹了一些使人難以置信的蠢事。在這樣的時候，人們認清了自己竟屬於一個壞透了的動物物種。我單調地從事我平靜的研究和沉思，只是感到一種悲哀和嫌惡。我親愛的天文學家弗洛因德利希將在俄國成為戰犯，不能在那裡觀察日食了，我為他感到擔憂。

愛因斯坦不能平靜了，他走出了象牙之塔，並從此成了一位積極的社會活動家，為社會的和平、公正而奔波、呼籲。愛因斯坦成了一位真正的世界公民。

一九一四年十月，愛因斯坦簽署了他一生中的第一個政治宣言〈告歐洲人民書〉。

（三）〈告歐洲人民書〉

愛因斯坦深刻地體認到德國知識份子簽署發表的〈告文明世界宣言〉，是這些人盲目的沙文主義在作祟；更嚴重的是，這篇宣言對科學技術的國際合作有巨大的破壞性，他還認知到這種破壞性將遠遠超過戰爭歷經的時間。於是，具有強烈責任感和正義感的愛因斯坦，不再只是在象牙塔中從事「平靜的研究和沉思」，他要行動起來，把這些被盲目的沙文主義弄暈了頭的同事們、「好人」們從昏昏沉沉的噩夢中喚醒，於是他在一份與〈告文明世界宣言〉針鋒相對的聲明〈告歐洲人民書〉上簽署了自己的名字。

這份聲明是由柏林大學教授、著名心理學家尼科萊在一九一四年十月中旬起草的。雖說它不是愛因斯坦寫的，但它與他一生的政治思想是完全一致的。考慮到這是愛因斯坦一生中第一次簽署的政治聲明，所以下面摘引一些〈告歐洲人民書〉中的重要內容。

我們一點也不能被弄得驚惶失措。凡是對共同的世界文化稍為關心的人，現在都有雙倍的責任，為維護這種文化必須引為依據的那些原則起來抗爭。然而，那些本來可指望具有這種思想感情的人——主要是科學家和藝術家——到目前為止他們的反應，在人看來，他們幾乎好像已經放棄了任何還想維持國際交往的願望。他們以敵對的精神談話，而沒有站出來為和平說話。民族主義的熱情不能為這種態度辯解，這種態度與世界上的向來被稱為文化的那些東西是不相稱的。如果這種精神在知識份子中間普遍流行，那將是一種嚴重的不幸。我們深信它不僅會威脅文化本身，同時還會危及民族的生存，而這次野蠻的戰爭也正是以保衛民族生存為藉口發動起來的。

這一段文字鮮明地亮出了簽名者的立場，與簽署了〈告文明世界宣言〉的人清楚地劃清了界線，而且尖銳地指出，〈告文明世界宣言〉企圖用民族主義為德國的獸行辯護是徒勞的。

但他們的呼籲和希望落了空，除了尼科萊和愛因斯坦，只有兩位科學家在這份聲明上簽字，其中有一位是「已享有聲望和權威」的、年過八旬的柏林天文臺臺長菲斯特。菲斯特悔恨自己在〈告文明世界宣言〉上簽了名，又態度鮮明地在〈告歐洲人民書〉上簽了名。另一位是從海德堡來到柏林做研究的比克。這樣，只有四個人簽名，當然使得這份呼籲書未能公開發表。

愛因斯坦並沒有因為失敗而停止對戰爭的反對，反而他真正成了「歐洲人」，他把目光和活動由德國轉向了國外。在德國，由於他反對戰爭而被人們認為是一個「政治上古怪的傢伙」。他非常鄙視德國教授們所表現出無條件的愛國主義思想，嘲笑他們那可笑的沙文主義的思想和行動；但他和普朗克、哈伯、能斯特這些科學家仍然維持著很好的關係，他對他們愚蠢可笑的行為只能微笑著忍受。在一九一五年二月他寫給章格的信中說：

我儘量避免參與到狂熱的群眾活動中。因此，我也逐漸適應了現在瘋狂的騷亂。作為這個瘋人院的僕人，我為什麼不能生活得快樂些？畢竟我們還得尊重這些瘋子，是他們住在瘋人院裡面，瘋人院才會存在。

但他的內心仍然為德國文化慘遭破壞、人民慘遭屠殺而憂心忡忡。在一九一五年二月二十二日寫給剛結交的朋友、法國作家羅曼・羅蘭的信中，他深切地表示了這種憂慮：

當後世子孫列舉歐洲的成就時，難道我們要讓他們說，三個世紀艱辛的文化努力，除了使我們從宗教的狂熱墮入國家主義的瘋狂，而沒有再前進一步嗎？今天，在兩個陣營裡，甚至學者們的所作所為就彷彿他們在八個月前，突然喪失了自己的理智一樣。

一九一五年夏天，愛因斯坦打算到瑞士去看望兒子們和拜訪住在瑞士的羅曼・羅蘭。但米列娃卻帶著兒子們出門旅行去了，而且拒絕讓兒子們和愛因斯坦見面、遊玩。愛因斯坦只好推遲到瑞士的時間，直到九月初，愛因斯坦才終於動身到瑞士。米列娃希望與愛因斯坦重歸於好，但愛因斯坦拒絕了這種想法，他只想看望兒子們。

一九一五年九月十六日，在愛因斯坦參加了在瑞士召開的關於反對戰爭的會議後，章格陪他到日內瓦湖的活韋去拜訪羅曼．羅蘭，這是他第一次見到羅曼．羅蘭，從此，兩人成了終生的朋友。羅曼．羅蘭在日記中記載了這次會見：

愛因斯坦……充滿活力，喜歡發出笑聲。他會情不自禁地對最嚴肅的思想，給出予以逗人發笑的解釋。

愛因斯坦難以置信地和盤托出他對德國的看法，他住在德國，德國是他的第二祖國（或第一祖國）。任何一個德國人都不會像他那樣自由地談論德國。在這個充滿恐懼的年代裡，每一個處在這樣的位置上的人都會由於精神上的孤立而感到痛苦，然而愛因斯坦並不這樣。他經常大笑，而且在戰爭期間可以繼續他的科學研究。我問他，在德國朋友面前，是否也同樣自由地發表自己的觀點。他說沒有。他只是以蘇格拉底的方式向他們提出疑問，為的是非難他們自滿的情緒。他還補充說，人們並不喜歡這種方式。

愛因斯坦簡直像先知彌賽亞一樣，說德國不會「在它自己的力量引導下改過自新」，所以他希望協約國勝利，「這樣就可以摧毀普魯士的強權和它的王朝」。這一預言後來被證實是完全正確的，不過愛因斯坦也許沒有料到的是，第一次世界大戰後第一次的「摧毀普魯士的強權和它的王朝」，還是沒有使德國改過自新；一直到一九四四年第二次世界大戰再次摧毀第三帝國，德國才終於真正地開始悔過、改過自新，才出現了西德總理在波蘭猶太人墓前下跪懺悔的感人一幕。

愛因斯坦似乎又想起了一件好笑的事，先突然笑出聲來，然後說出下面這件可笑而可怕的事情。在每一次柏林大學理事會會議結束後，教授們都要大喝一頓啤酒，喝酒之時，教授們每次都會提出一個相同的疑問：「我們在世界上為什麼如此被人憎恨？」然後每人給出一個回答，但沒有一個人敢於道出其中的真相。要麼左顧右盼而言其他，隔靴搔癢，不著邊際，要麼胡說八道一通。

一九一八年十一月九日，威廉二世在革命的壓力下退位，並作為一個流亡者躲到荷蘭的多恩，他在那裡生活了二十三年才去世。他直到生命的最後一刻還指望「他的國民會把他召回德國」。德意志皇帝的夢想在一九一八年之後煙消雲散，一去不返。那年，德意志共和國成立。

一九一八年十一月十一日，即停戰之日，愛因斯坦給在瑞士的母親寄去了報平安的明信片。在明信片上他寫道：

偉大的事變發生了！我曾經害怕法律和秩序完全崩潰。可是到目前為止，運動以真正宏偉的形式終結了，這是可以想像的最為驚心動魄的經歷。……能親身感受這一經歷是何等的榮幸！……我為事態正在發展的方式感到十分愉悅。只有現在，我在這裡才確實感到自由自在。戰敗創造了奇蹟。學術共同體把我看成是一個首要的社會主義者。

愛因斯坦的政治思想一生中沒有重大的改變，他最重視和關心的是個人尊嚴和思想自由，他認為這是所有社會中最根本的原則。他之所以在給媽媽的信中如此歡呼帝國的崩潰和共和國的建立，就是因為他對民主理想抱有最誠摯的信念。

當時，愛因斯坦和許多人一樣，相信一個自由、民主和社會主義的德國就要誕生了，就像他在給媽媽的明信片中寫的一樣，他歡呼光明的前途和偉大的民主進程，但這種樂觀主義不久就煙消雲散了。後來，愛因斯坦想起這些事就覺得可笑。一九四四年七月七日，他寫信給玻恩說：

你是否記得，一九一八年，我們同乘一輛電車到國會大廈，那時我們……都是四十歲的人，想法還那麼天真。想起這件事我就會覺得好笑，你我兩人都不知道，脊椎的作用遠比大腦重要，而且前者的支配力量要大得多。

▲ 愛因斯坦和他的兩個兒子（左為漢斯，右為愛德華）

（四）與愛爾莎結婚

一九一七年初，愛因斯坦的身體出現了嚴重的毛病，三十八歲的他不得不為自己「搖搖欲墜」的身體而擔心。開始他覺得不舒服，打不起精神來，但他還像以前一樣滿不在乎，但後來麻煩越來越多，他先後患了肝病、胃潰瘍、膽結石……

飲食糟得不可想像。一九一六年大災，在德國連馬鈴薯都吃不到了，接著而來的冬天更是讓許多人飢寒交迫。

在這種情況下，愛因斯坦病得起不了床。幸虧愛爾莎用她的愛心、能弄到各種食品的巧妙方法和高超的烹調技術，才使愛因斯坦的病情逐漸有了好轉。

一九一七年夏天，愛因斯坦搬到了愛爾莎家隔壁的公寓裡，這樣，愛爾莎可以更方便和更有效地照料他。快到一九一七年年底時，愛因斯坦在一封給朋友的信中寫道：「自去年夏天以來，我的體重增加了四磅，感謝愛爾莎的細心照料。她親自給我做每一種飯菜。」

儘管得到了精心的照料，以及從南方親戚的瑞士朋友那裡弄到一些正常的食品，改善了飲食，但愛因斯坦在一九一八年還是在床上躺了幾個月。正是這一年，愛因斯坦一定體會到了單身漢的種種不便，他決定和愛爾莎結婚。

一九一九年六月二日，愛因斯坦和愛爾莎結了婚，他從單身時住的公寓裡搬到了愛爾莎的住處。愛爾莎住在公寓頂層，愛因斯坦立即發現住頂層有一個額外的好處：他可以把頂層之上的兩個閣樓租下來，改成書房。閣樓的斜牆構成了一個與眾不同的書房，窗前放了一張桌子和一把椅子，牆上掛著牛頓和法拉第的畫像。家裡的人一律不准上樓進他的房間，愛因斯坦在這個安靜的角落裡工作、看書、接見來訪者，這裡還是威廉皇帝物理研究院的總部。在所有的研究院中，恐怕這個物理研究院是世界上最奇特的研究院了。一九一三年他就被任命為這個研究院的所長，但他卻一直是孤家寡人一個。大約在一九一七年，愛因斯坦才申請聘用一個祕書，每週工作三天，月薪五十馬克。這個工作後來由愛爾莎的大女兒伊爾莎擔任。

▲ 1916年的愛因斯坦

愛因斯坦大部分時間穿著極不講究，待在他心愛的書房裡，而不願下樓不舒適地坐在「漂亮的傢俱、地毯和壁畫」之間。有一次一位記者爬上頂層閣樓，走進了愛因斯坦的書房，書房的整潔、書櫃裡無數的英文書籍以及牆上的牛頓畫像，都讓他留下了深刻的印象，但更讓他永遠無法忘記和驚愕的是愛因斯坦的穿著，愛因斯坦穿著破舊的褲子和毛衣，毫不在意有客人來訪。愛因斯坦就是喜歡穿著讓他感到無比自在的衣服，無拘無束地馳騁在他思想的空間裡。

愛爾莎是一個迷人、快活、勤快的女人，她不像米列娃那樣瞭解物理，她也不像米列娃那樣嚴厲和過分敏感，她天生是一個樂觀的人，喜歡和作家、藝術家乃至政治家來往，而愛因斯坦與科學家的交往更多一些，但愛爾莎並不堅持愛因斯坦必須怎麼樣，她比較隨和。對於愛因斯坦的名氣，她十分滿意，至於他的物理學，她才不去關心呢。在戰爭還沒停止時，有一次她對一位客人說：「我十分清楚阿爾伯特是一位多麼了不起的物理學家，這些日子我們去買各種罐頭食品，這種鐵罐頭沒有人知道如何才能打開。通常它們都是外國生產的，外包裝生銹、變形了，開罐器也都遺失了。但是到現在為止，還沒有一個罐頭是我們的阿爾伯特打不開的。」

瞧，愛爾莎多麼為「了不起的物理學家」愛因斯坦自豪啊！愛因斯坦也並不需要愛爾莎懂得什麼物理學，他只希望她能為他安排一個可以安心工作的環

▲ 愛因斯坦和愛爾莎

境而且不嘮嘮叨叨地打擾他就行了。對於這一點，愛爾莎的確勝任而且游刃有餘。

當然，愛爾莎作為愛因斯坦的妻子，也要承受許多痛苦和外人的埋怨，不過她很想得開，知道世上沒有絕對完美的婚姻。她寬容地說：「人們不能對他過於苛求，否則就會發現他的缺陷。任何天才都有缺陷，他怎麼會沒有呢？這是不可能的，世間不可能有這樣的事。有得必有失，人無完人嘛。我們應該全面地看待他，切不可從一個框框裡去看他，否則只會給人們帶來失望。上帝已經賦予了他那麼多美麗的東西，儘管在他身邊會感到沮喪和困難，但除此之外我認為他非常棒。」

第十二章

廣義相對論被證實，愛因斯坦成為世界名人

Albert Einstein

E=mc

E=mc²

愛因斯坦是天才，人們不會否認，但是他付出了多麼辛苦的努力，卻是很多人並不清楚的。一九一五年一月至一九一七年二月，正是他人生旅途中最艱難困苦的時期，他面臨著家庭破裂、戰爭爆發和好戰環境，但愛因斯坦卻還是在這一時期獲得了他一生中最大的科學豐收。據統計，在這十五個月中，愛因斯坦一共寫了十五篇科技論文，包括廣義相對論輝煌的勝利、有關量子理論非常重要的文章，以及關於建立科學的宇宙學基礎的文章。

一九一五年十一月二十五日，愛因斯坦第四次在科學院例會上，報告了他廣義相對論的最終研究成果。他宣稱：

> 廣義相對論終於以一種邏輯合理的結果被我掌握。……我們得到了完全令人信服的、確實的引力理論，並由此解釋了水星近日點的運動。

愛因斯坦興奮地把他的成功告訴好朋友們，讓他們與他共享他的快樂。十二月三日他寫信給章格：「這個理論有無可比擬的美。」十二月九日他寫信給索末菲：「你一定要仔細看一看這些方程式，這是我一生中最有價值的發現。」十二月十日他寫信給貝索：「如今我終於實現了最大膽的夢想——廣義的協變性。水星近日點的運動結果驚人的準確。後者從天文學的觀點看來，已是十分可靠的了。」

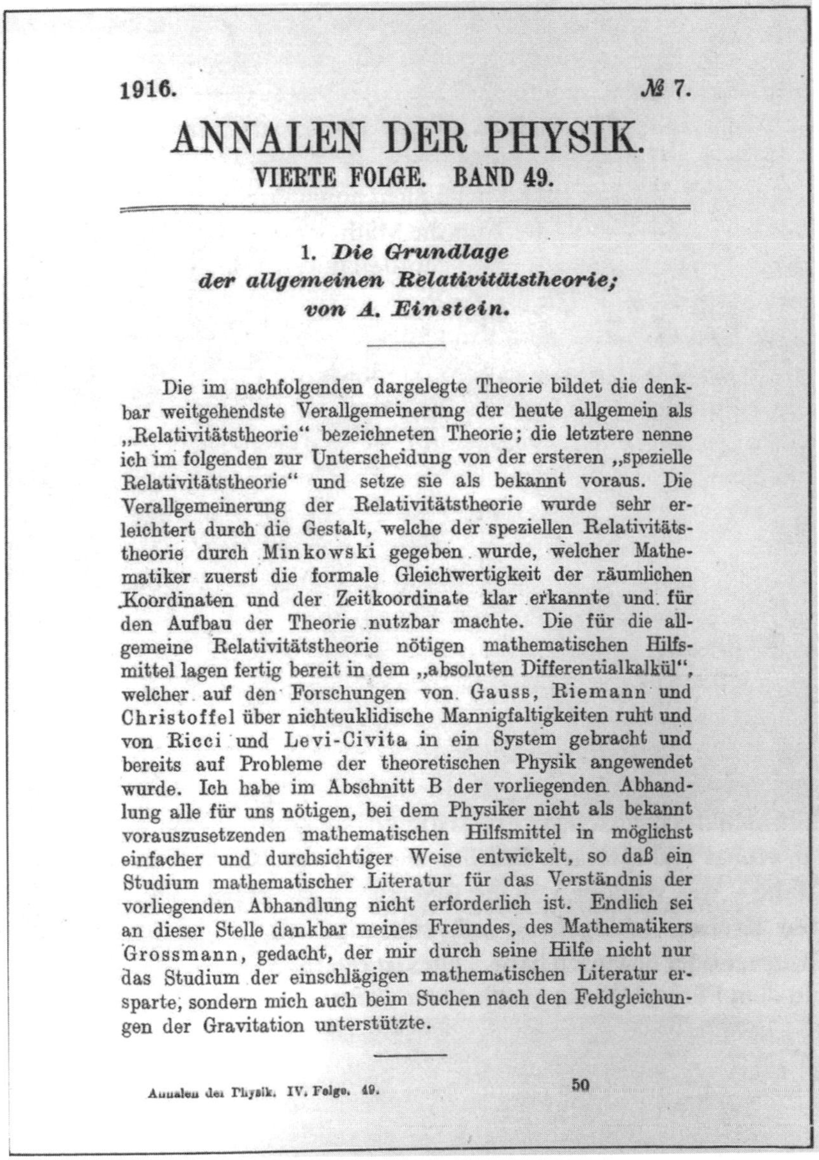

1916. № 7.

ANNALEN DER PHYSIK.

VIERTE FOLGE. BAND 49.

1. ***Die Grundlage der allgemeinen Relativitätstheorie;***
von A. Einstein.

Die im nachfolgenden dargelegte Theorie bildet die denkbar weitgehendste Verallgemeinerung der heute allgemein als „Relativitätstheorie" bezeichneten Theorie; die letztere nenne ich im folgenden zur Unterscheidung von der ersteren „spezielle Relativitätstheorie" und setze sie als bekannt voraus. Die Verallgemeinerung der Relativitätstheorie wurde sehr erleichtert durch die Gestalt, welche der speziellen Relativitätstheorie durch Minkowski gegeben wurde, welcher Mathematiker zuerst die formale Gleichwertigkeit der räumlichen Koordinaten und der Zeitkoordinate klar erkannte und für den Aufbau der Theorie nutzbar machte. Die für die allgemeine Relativitätstheorie nötigen mathematischen Hilfsmittel lagen fertig bereit in dem „absoluten Differentialkalkül", welcher auf den Forschungen von Gauss, Riemann und Christoffel über nichteuklidische Mannigfaltigkeiten ruht und von Ricci und Levi-Civita in ein System gebracht und bereits auf Probleme der theoretischen Physik angewendet wurde. Ich habe im Abschnitt B der vorliegenden Abhandlung alle für uns nötigen, bei dem Physiker nicht als bekannt vorauszusetzenden mathematischen Hilfsmittel in möglichst einfacher und durchsichtiger Weise entwickelt, so daß ein Studium mathematischer Literatur für das Verständnis der vorliegenden Abhandlung nicht erforderlich ist. Endlich sei an dieser Stelle dankbar meines Freundes, des Mathematikers Grossmann, gedacht, der mir durch seine Hilfe nicht nur das Studium der einschlägigen mathematischen Literatur ersparte, sondern mich auch beim Suchen nach den Feldgleichungen der Gravitation unterstützte.

Annalen der Physik. IV. Folge. 49. 50

▲ 1916年，愛因斯坦在《物理年鑑》第4輯第49卷上發表了廣義相對論的確定文本

一九一五年十一月二十五日是廣義相對論最終建成之日。這一系列關於引力的文章是由一系列錯誤組成，因此整個推論過程十分混亂，為了使人們比較容易接受廣義相對論，實在很有必要寫一篇綜述性的文章，就像狹義相對論建成之後，由勞厄寫了一篇綜述性文章一樣。那次總算有人代勞，但這次恐怕沒有人敢代勞了，廣義相對論太深奧，它的物理概念連理解起來都十分困難，誰還敢代筆？愛因斯坦想請勞倫茲做這件事，沒有得到回應，最後只有他自己來做這件工作了。一九一六年三月，《廣義相對論的基礎》完成，後來該書被一位出版商印成單行本，成了愛因斯坦的第一本書。

一九一六年底，愛因斯坦又寫了一本儘量少用數學的書《狹義與廣義相對論淺說》，這本書適合受過物理學和數學基本訓練的讀者。雖然這本書只用了少量的初等數學知識，但是一般人想看懂仍然非常困難。正如普朗克十分風趣地說的那樣：「愛因斯坦以為他在書中不時加入一些『親愛的讀者』，就能使他的書被人們理解。」這是沒有辦法的事，即使到了二十一世紀，又有多少人看懂了廣義相對論呢？它太深奧了，離人們熟識的知識太遠。

在廣義相對論裡，空間、時間的結構完全取決於質量分布；由此，幾何學進入了新的時代。根據這種解釋，在質量巨大的天體如太陽的周圍，空間結構發生彎曲，就像一個鉛球放在橡皮膜上，橡皮就會凹下去；太陽系中各行星繞著太陽沿軌道運行，正是因為這些行星滾進了彎曲空間的一道「溝谷」。更準確地說，行星走的路線，取決於太陽質量引起的空間彎曲。

德國天文學家史瓦西利用廣義相對論研究了宇宙中的星體，還得出了一個非常著名的結果。史瓦西是第一個利用廣義相對論做進一步研究的人，所以愛因斯坦分外高興。

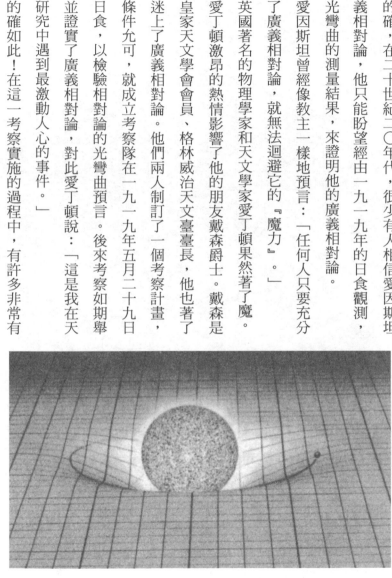

的確，在二十世紀二〇年代，很少有人相信愛因斯坦的廣義相對論，他只能盼望經由一九一九年的日食觀測，得到光彎曲的測量結果，來證明他的廣義相對論。

愛因斯坦曾經像教主一樣地預言：「任何人只要充分理解了廣義相對論，就無法迴避它的『魔力』。」

英國著名的物理學家和天文學家愛丁頓果然著了魔。愛丁頓激昂的熱情影響了他的朋友戴森爵士。戴森是英國皇家天文學會會員、格林威治天文臺臺長，他也著了魔，迷上了廣義相對論。他們兩人制訂了一個考察計畫，如果條件允可，就成立考察隊在一九一九年五月二十九日觀測日食，以檢驗相對論的光彎曲預言。後來考察如期舉行，並證實了廣義相對論，對此愛丁頓說：「這是我在天文學研究中遇到最激動人心的事件。」

的確如此！在這一考察實施的過程中，有許多非常有

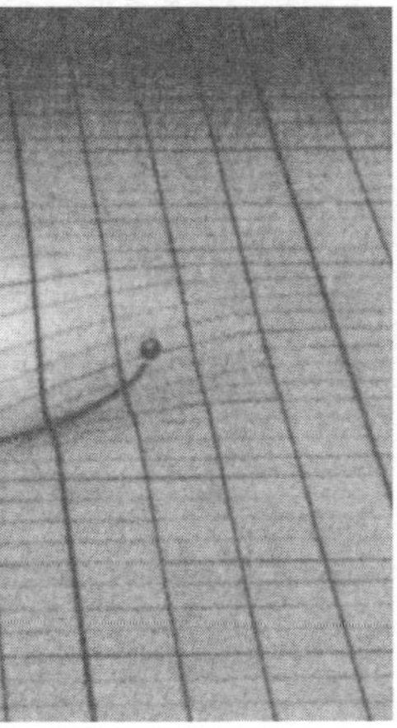

▲ 大質量物體使空間結構發生彎曲，就像一個鉛球放在橡皮膜上

趣的事情發生。

在考察完成後，有一次錢德拉塞卡欽佩地對愛丁頓說：「我非常欽佩您的科學敏感性，在（廣義相對論的）未來顯得異常暗淡的情況下，還制訂了那次遠征計畫。」

愛丁頓的回答讓錢德拉塞卡大吃一驚：「愛丁頓對我的評價未作任何讚許，還告訴我，如果全由他自己決定，他絕不會舉辦那樣的考察，因為他完全相信廣義相對論的正確性！」

那麼愛丁頓為什麼參與、制訂計畫，成立考察隊進行日食觀測呢？這又有一段故事。一九一七年，戰爭已經進行了兩年多，英國頒布了戰時徵兵法令，愛丁頓當時三十四歲，正符合徵兵條件，但愛丁頓是虔誠的貴格會信徒，因此他肯定會拒服兵役，這就必然會使他受到政府嚴厲的懲罰。羅素已經因為拒服兵役和譴責英國參戰而被罰款、拘禁（未實施）。為了避免這種尷尬事情的發生，劍橋大學的朋友們立即出面為愛丁頓說情，說愛丁頓是著名的科學家，讓他服兵役不符合英國的利益。當時莫斯萊的犧牲已經讓英國政府和各界感到損失太大，因此內政部同意讓愛丁頓緩服兵役，並寄回一張證明表格之類的文件，附上愛丁頓的簽名就可以了。大家都為這一結果感到滿意和高興，但愛丁頓偏又捅了一個簍子，他簽了名，但又加上

▲ 英國最著名的物理學家和天文學家愛丁頓爵士

一個附注，說如果不能因為表格上所述的理由緩服兵役，他就會以基於道義的反戰立場要求緩服兵役。這個附注當然讓內政部無法忍受，連幫助他的朋友拉莫爾爵士也十分生氣。愛丁頓卻說：當他的貴格會朋友們因拒服戰時兵役而在北愛爾蘭軍營裡服役時，他認為他應該和他們在一起。後來，在戴森的調解下，愛丁頓還是緩服兵役，但條件是如果戰爭在一九一九年五月前結束，他必須帶領一支考察隊去驗證愛因斯坦的預言。

幸運的是，戰爭真的在一九一九年前結束了。一九一九年二月，兩支遠征考察隊同時出發。愛丁頓和柯丁罕領導的考察隊，前往西非幾內亞灣的普林西比小火山島做觀測，戴森和克羅梅林領導的考察隊，則去巴西北部的索布拉爾進行觀測。

盼了幾年的五月二十九日終於來臨，戴森幾年前就指出，這一天發生的日食是觀測光彎曲不可多得的良機，幾十年甚至上百年才有這樣一次幸運的日子發生日全食。可是最令人擔心的事情出現了：發生日食的那天是一個陰雨多雲的天氣，考察隊的隊員們幾乎失去了任何成功的可能性。但愛丁頓他們仍然進入全力以赴的工作狀態，在三〇二秒的日全食過程中，緊張地拍攝著日食照片。

日食結束以後，愛丁頓馬上向英國皇家學會發去電報：「穿過雲層，有點希望。愛丁頓。」接著，他們就開始進行對比測量。一月份，當太陽不在觀測的星域時，他們就拍下了這一星域的照片，以便在日食發生時與同一星域的照片進行對比。由精確的對比測量，即可算出光彎曲的數值。愛丁頓他們擔心歸途中發生意外，所以立即開始檢測。我們知道，一弧秒的偏差在底片上的反映只有六十分之一毫米，可見檢測需要多麼高的精度，更何況各種意外的因素（如濕度導致儀器在檢測時出現偏差，底片乳劑因熱帶氣候出現膨脹等），都可能導致最終檢測的毀滅性失敗。幸運的是，在日食快結束前，雲層變薄了，儘管許多底片報廢，但有兩張底片上出現了我們千期萬盼的畢宿星團的圖像。經過精密的測量，與一月拍攝的照片對比，兩張照片顯示出明顯的偏差，十分符合愛因斯坦的理論值。

愛丁頓回憶說：「天文測量中所得到的數值與理論預言的一樣大，所以一張底片幾乎就可以決定問題的結果，儘管肯定還需要透過其他底片來加以證實。日食三天之後，計算最終完成，我知道愛因斯坦的理論經受住了考驗，科學思想的新觀點取得了勝利。柯丁罕用不著孤身一人回家。」

愛因斯坦從勞倫茲那裡先得到消息，知道日食觀測成功。六月十一日，他寫信給他的母親：「據荷蘭的一份報紙報導，兩支遠征隊都非常成功地拍攝了日食，六周以後，會知道觀測結果。」九月二十六日，正式消息還沒有公布，但愛因斯坦從勞倫茲那裡得知觀測日食的結果證實了他的判斷。他很快將這一消息告訴了母親，在九月二十七日給母親的信中寫道：「今日接到電訊，勞倫茲來電稱，

▲ 1919年5月29日，愛丁頓的考察隊拍攝的日食照片。由於在太陽邊緣的光線發生了彎曲，靠近太陽的星體好像稍稍地發生了移動

英國考察隊證實了光在太陽附近發生偏轉。」

一九一九年十一月六日，英國皇家學會主席湯姆森主持了皇家學會和皇家天文學會聯合會議，會上報告這次科學考察的結果。當時參加會議的數學哲學家懷德海後來對這次會議做了如下描述：

整個會議氣氛熱烈，人們興趣濃厚，猶如一齣古希臘的戲劇。我們則是為在超級事件發展中所揭示的天意做注釋的合唱團。現場充滿戲劇色彩，傳統的儀式背景中有一幅牛頓畫像，它彷彿在提醒我們，二百多年前所做出最偉大的科學總結，現在要接受第一次修正。在不缺乏個人興致的情況下，一場偉大的思想領域內的探險終於安然結束了。

的確，會議真是「充滿戲劇色彩」！考察隊公布了測量結果，在普林西比測得的是一・六三弧秒，在索布拉爾測得的是一・九八弧秒，兩個結果都否定了牛頓值，它們的平均值與愛因斯坦預言的一・七四弧秒非常接近。

皇家天文學會的主席福勒支持考察隊得到的結論，然後大家等待著名物理學家洛奇的發言。他曾經公開打賭，說絕不會有什麼光偏轉，即使有也肯定是牛頓值。洛奇當時任伯明罕大學校長，他聽了大家的發言後，竟一言不發地離開了會場，讓在場的人大吃一驚。

湯姆森讚揚了愛因斯坦，也同時讚揚了偉大的牛頓，他又說：

這次測出的這個結果並不是孤立的，它是科學思想整體的一部分，影響著物理學最基本的概念……它是牛頓時代以來引力理論方面得到的最重要結果，因而應當在和牛頓密切相關的皇家學會的會議上宣布，這樣做是十分恰當的……

十一月七日，倫敦報紙對這一重大科學事件進行了大量報導，《泰晤士報》以「科學中的革命・新的宇宙理論・牛頓的概念被推翻」為標題報導了這次會議。報導中說：「觀測結果決定性地證實了著名物理學家愛因斯坦的預言，而且皇家學會的主席宣稱這是發現了被預言存在的海王星以來最驚人的事件。」

接下來的幾天，倫敦媒體繼續介紹新的引力理論，以及牛頓是否被打倒，劍橋是否「完蛋」之類的問題。在一九一九年十一月之前，《紐約時報》上從來沒有關於愛因斯坦的任何報導，在十一月十日，該報以「天上的光線全部是彎曲的」為題報導了「愛因斯坦的理論取勝」。此後，《紐約時報》上每年都會有關於愛因斯坦的報導，直到愛因斯坦去世。

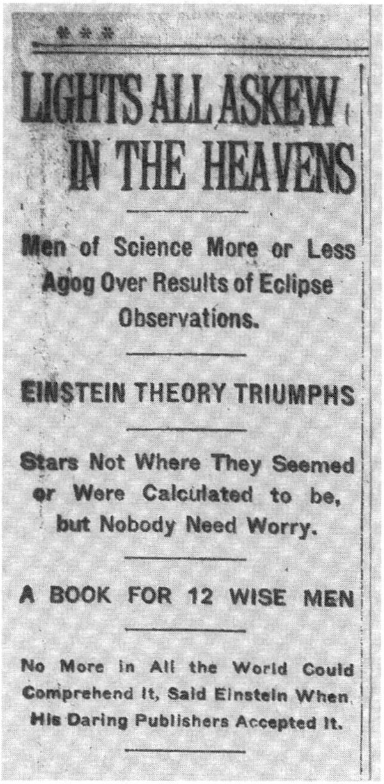
LIGHTS ALL ASKEW IN THE HEAVENS

Men of Science More or Less Agog Over Results of Eclipse Observations.

EINSTEIN THEORY TRIUMPHS

Stars Not Where They Seemed or Were Calculated to be, but Nobody Need Worry.

A BOOK FOR 12 WISE MEN

No More in All the World Could Comprehend It, Said Einstein When His Daring Publishers Accepted It.

▲ 1919年11月10日《紐約時報》：「天上的光線全部是彎曲的。」

一九一九年十一月七日，一夜之間，愛因斯坦成了世界最著名的人物。並且從此受到世界大眾的崇拜。直到二十一世紀，這種崇拜似乎仍然沒有消退。

但愛因斯坦對這種過分的吹捧、崇拜早就有批判的看法。一九一九年十一月二十八日，在為《泰晤士報》寫的一篇通俗的介紹中，愛因斯坦在開篇處感謝英國科學家的努力，肯定觀測的重大價值；最後，他在文章末尾的附注中寫道——

> 你們報紙上關於我的生活和為人的某些報導，完全是出自作者的活潑想像。為了逗讀者開心，這裡還有相對性原理的另一種應用：今天我在德國被稱為「德國學者」，而在英國則被稱為「瑞士的猶太人」。要是我命中註定將被描寫成一個最討厭的傢伙，那麼就該倒過來，對於德國人來說，我就變成了「瑞士的猶太人」；而對於英國人來說，

▲ 卓別林與愛因斯坦在《城市之光》的首映式

我卻變成了「德國的學者」。

後來發生的事情證明愛因斯坦的這段話絕不是「逗讀者開心」的話，而是驚人的預見。即使當他的成就讓德國科學院極為興奮時，他也非常冷靜。他太瞭解德國人可怕的無情和沒有同情心的本性。這些事情，讀者將在後續章節中看到，這裡就此打住。

但對廣義相對論在公眾中所引起長久的、充滿激情的崇拜，連愛因斯坦也覺得十分奇怪。在一九四二年他說：「是什麼原因產生了這麼持久的心理效應？對於這個問題，我從來沒有聽到令人信服的答案。」

據說卓別林曾經對愛因斯坦幽默地說：「公眾歡迎我，是因為他們瞭解我；他們歡迎你，是因為沒有人瞭解你。」

卓別林的話也許有一點道理。

第十三章

受到攻擊

第一次世界大戰結束了，但戰勝國對於如何獲得歐洲最終的和平意見很不一致，有時甚至相互矛盾。法國首先需要安全保證，以防止德國東山再起，它還希望今後能在歐洲占統治地位，延續拿破崙時代就有的夢想。而英國則不同，它希望保持勢力平衡，不贊同過多地削弱德國。但法國堅持己見，並因德國欠繳戰爭賠款費用和比利時於一九二三年出兵佔領魯爾工業區，迫使德國償還拖欠的賠款。結果，德國立即陷入災難性的通貨膨脹之中，德國馬克急劇貶值，人民的儲蓄於一夜之間變成廢紙。德國人民的憤怒與仇恨日益強烈，這就為日後納粹分子上臺鋪平了道路。

正是在這種動盪、民族主義情緒日益高漲之時，愛因斯坦被迫陷入了政治漩渦之中。

在德國戰敗後不久，不僅是德國，就是英國、法國這些戰勝國的民族主義情緒也十分強烈，例如英國皇家天文學會曾於一九一九年十二月將皇家天文學會金質獎章授予愛因斯坦，但由於「愛國」會員的抵制，這一年乾脆沒有頒發獎章，一直到一九二六年愛因斯坦才獲得這枚獎章。

▲ 1919年，愛因斯坦出席呼籲和平的會議

一九二一年一月三十一日，愛因斯坦在回答倫敦《觀察家》記者提問時就明確指出，他的所言所行，已經引起了德國民族主義者的惱怒和仇恨：「德國對我的和平主義和政治傾向怒氣十

足，這種惱怒由於它不安的政治局勢而得到增強。在這種情況下，我要做評論幾乎肯定會受到誤解，可能還會引起弊大於利的後果。」

但愛因斯坦不甘心沉默，雖然這時他已經受到了粗暴惡毒的攻擊，他還是與各國學者聯絡，而不在意德國民族主義者乘機大做文章。一九二一年三月二十一日，他寫信給法國科學家卡爾瓦洛說：「我一直認為，增進學者之間的關係而做我能夠做的一切事情，是我最神聖的責任之一。對於生活在戰敗國的人來說，這是不容易的。如果他表現出某些保留，國外的人認為他不友好；如果他表現得願意合作，國內的人會認為他不忠誠……」

這正是愛因斯坦的處境。當他被邀請出席戰後繼續舉行的索爾維會議時，由於大會只邀請他這個唯一的德國學者參加，而拒絕其他德國學者參加，愛因斯坦認為這樣做是很不恰當的，是把政治因素不恰當地帶進學術活動的表現，因此他謝絕出席。他認為，科學家個人不應該對他所屬國家的政府負責。這種謝絕會讓德國人高興，但英、法、比諸國學者自然會認為他「不友好」。而當愛因斯坦呼籲和解、增加交流時，德國人就會責備他「不忠誠」，向敵國搖尾乞憐。事實上，愛因斯坦在一九一九年就開始受到攻擊了。

應當為戰爭和戰爭失敗負責的罪魁禍首，他們絕不會自責。相反地，他們無恥地利用他們的支持者散布一種可怕的觀點：戰敗的根本原因是內部的背叛，尤其是猶太人的背叛更為致命。這種觀點一旦散布流傳開來，就必然引起極端的、毫無理性的反猶太人情緒；即使是受過高等教育的人都無法避免被這種情緒感染，而且這類人一旦受到感染，就會具有更大的危害性。一九一九年，在巴伐利亞地區爆發了驅逐非本地出生猶太人的事件，國家主義的大學生竟然公開地、毫無顧忌地恐嚇說：「割斷那個猶太人的喉嚨！」「那個人」指的就是愛因斯坦。

愛因斯坦迅速成為反猶太人惡浪中最顯眼的靶子。這其中的原因大致有兩個方面：首先是愛因斯坦世界性的聲譽招來了嫉妒引發的仇視；其次，他有關和平主義和國際間相互理解、增進交流的主張，完全不對德國右派政客的口味。在戰爭結束以前，柏林軍區的司令官就曾寫信給柏林市警察局，指出和平主義的傳播是十分危險的，並提供了一份和平主義者名單，其中就有愛因斯坦的大名。戰後，愛因斯坦繼續致力於和平主義的宣傳，更讓政府當局十分憤怒。

當英國的日食遠征考察隊證實了廣義相對論的一個預言以後，愛因斯坦名聲大噪，於是他的敵人們決心利用一切可用的手段，剝奪他的成就和名聲。

第一次針對愛因斯坦的行動發生在一九二〇年二月上旬。事情的原委和愛因斯坦在柏林大學舉行的「相對論入門」講座有關。該講座幾乎成了到柏林的參觀者非去不可的景點，旅客在參觀過布蘭登堡門之後，就多半會去聽愛因斯坦的演講。聽不聽得懂是小事，關鍵是一睹偉大學者的風采。這些聽講者肯定擾亂課堂的正常秩序，一方面真正聽課的學生很難找到座位，再者這些參觀者多半聽不懂愛因斯坦在講什麼，因此多半會中途離開教室。交了費的學生憤而要求校長禁止這些參觀者任意進教室聽課，但愛因斯坦不反對這些參觀者聽演講，他甚至抗辯說任何人都可以聽他的演講。

對於這些好奇的人，他可以在演講開始一定時間後宣布休息幾分鐘，讓這些人有秩序地退場。學生和愛因斯坦的意見不一致，使得學生會中的右派極端分子覺得有機可乘，由此引發了騷動。學生會中的右派極端分子提到「被人類逐出的人」，而左派聲稱這是「一大群反猶學生的暴行」。校長立即聲明此事與反猶無關，教育部也立即發表一個聲明，以平息這件事。《柏林日報》的文章中指出：「這次抗議與政治毫無關係，更沒有絲毫涉及反猶的地方。」

愛因斯坦認為，雖然報導聲明抗議與反猶無關，「但其中的含義卻可以使人作這樣的理解」。二月十二日，雙方在一起討論這個問題，學生會的代表認為愛因斯坦的講座既然面對大眾，就應該免費，原來交的聽課費用應退還給學生。愛因斯坦同意這種解決辦法。

在這次學生騷亂中，愛因斯坦公開把自己的名字與反猶太人活動聯結在一起。

接著發生的事件證明，愛因斯坦和他的相對論成了被直

▲ 1919年德國人民的反戰示威，標語牌上寫的是：「絕不再要戰爭！」

接攻擊的目標。一些政治極端主義分子和投機分子在德國政治形勢動亂之際，認定攻擊愛因斯坦是成名的大好機會，於是一個叫魏蘭德的人乘機成立了一個「保衛純科學」的「德國自然哲學家研究小組」（愛因斯坦戲稱之為「反對相對論有限公司」）。這個魏蘭德是一個大騙子，他有大量的金錢使他可以收買物理學家，讓他們公開在《柏林日報》上反對相對論。顯然，他很有可能受僱於某個躲在幕後的人。

八月初，魏蘭德在《每日評論》上發表了一篇文章，他把愛因斯坦誹謗為「新的馬格努斯」。馬格努斯是德國的化學家，據說他通曉一切，魏蘭德意在諷刺愛因斯坦。魏蘭德完全不顧事實地說：「馬格努斯先生最近復活了，在閱讀黎曼、閔考斯基、勞倫茲、馬赫、格柏和帕拉齊以及其他思想家的嚴肅著作之後，清了清喉嚨，發出了怪聲。科學界被震驚，世人在詫異。世界崩潰了。愛因斯坦先生在與全世界捉迷藏。他只需要一開始思想，現在和將來的一切都成了相對的。」

一九二〇年八月二十四日出現了更嚴重的事件。這一新成立的「研究小組」在柏林最大的音樂廳召開了一個「聲討相對論」的大會，目的是要「批判相對論及其創作的低級趣味」。愛因斯坦懷著好奇和厭惡的心理也參加了這次大會。在整個「聲討」期間，他和他的繼女坐在一個私人包廂裡，不時無可奈何地苦笑一下。後來，一家報紙報導了會議的情況，這使我們可以對「聲討」大會的內情略知一二。

魏蘭德先生的重炮瞄準了愛因斯坦。他攻擊愛因斯坦杜撰事實，卻沒有一句能解釋狹義相對論的理論構成。捍衛愛因斯坦的物理學家統統受到責難，愛因斯坦和他的朋友們，以及傳播相對論的報紙都受到了譴責。人們根本弄不清魏蘭德在講什麼，也不知道他一再喊叫「關鍵的一點」是什麼意思。魏蘭德先生回答友善的提問時，總是一次又一次大聲地喊叫：「一致同意把這個騙子扔出去！」除此之外，在宣讀一篇反猶太人的通告中，他指責愛因斯坦的一個公式是別人的東西，而愛因斯坦只不過毫不費力地把它剽竊過來了。

魏蘭德還列舉了一些莫須有的「剽竊」罪名。這時聽眾中傳出警告的吼聲，魏蘭德立即將話題轉到了「關鍵之處」，即「剖析相對論」。他認為相對論什麼也不是，至多是一個「質量猜想」，是一個人在精神錯亂時出現某種近於幻想的產物。

魏蘭德的發言對於像勞厄、魯本斯、普朗克這類科學家來說，純粹是胡說八道，他們只會嗤之以鼻；但對一般人來說，卻有很大的迷惑性。這種戰術後來被納粹用得得心應手。愛因斯坦感知到其中邪惡的敵意，事實上後來他每天都會收到一些恐嚇信。

勞厄講過一件事，足以說明魏蘭德之流的謊言蠱惑作用。有一天晚上，勞厄的妻子想去看望愛因斯坦，當她走進愛因斯坦住的公寓以後，因為不確定是不是走對了，就問一位剛走進樓房、穿著講究的人：「請問，愛因斯坦先生住在這裡嗎？」那位穿著講究的人回答說：「不幸得很，他還住在這裡！」

但是，魏蘭德發動這場對相對論和愛因斯坦的攻擊，引起了德國一些著名物理學家的憤慨。在柏林音樂廳「聲討」大會後的第二天，即八月二十五日，勞厄、能斯特和魯本斯就聯名寫信給柏林各大報紙，發出一則聲明，《柏林日報》刊載了這則聲明，聲明指出：

> 我們不想在這裡來談論，我們對於愛因斯坦發現相對論那種淵博、可以引為範例的腦力勞動意見。驚人的成就已經取得，在將來的研究工作中當然還一定會有進一步的證明。此外，我們必須強調指出，愛因斯坦除了研究相對論，他的工作已經保證他在科學史中有一個永久性的地位。在這方面，他不僅對於柏林的科學生活，而且對於整個德國的科學生活的影響大概都不是高估的。任何有幸親近愛因斯坦的人都知道，在尊重別人的文化價值

▲ 人們爭相一睹愛因斯坦的風采

上，在為人的謙遜上，以及在對一切譁眾取寵的厭惡上，從來沒有人能超過他。

這則聲明還在許多報紙上刊登了，甚至在刊登魏蘭德攻擊性文章的《每日評論》上也刊登了。作為反駁魏蘭德等人無恥行徑的檄文，這則聲明已把這事件的本來面貌揭示清楚了，但愛因斯坦大約被這幫「臭蟲」咬得十分不耐煩了，竟克制不了自己的厭惡、憤怒的情緒，寫了一篇飽含憤怒的文章，發表在八月二十七日《柏林日報》的頭版，為整個反愛因斯坦事件湊了一份熱鬧。愛因斯坦明知道攻擊他的人「不值得我用筆去回答」，卻仍然不必要地大發雷霆，發洩了自己的憤怒。他在〈我對反相對論公司的答覆〉一文中怒氣沖天地點了勒納的名，他寫道：

在有國際聲望的物理學家之間，直言不諱地反對相對論的，我只能舉出勒納的名字來。作為一位精通實驗物理學的大師，勒納值得我欽佩；但是他在理論物理學中從未做過一點事，而且他反對相對論的意見如此膚淺，以致到目前為止我都不認為有必要對它們進行詳細回答。我現在打算糾正這種疏忽。

愛因斯坦還以挑戰的姿態聲稱：「我注意到，在巴特瑙海姆的科學家集會上，由於我的建議，已經安排了關於相對論的討論。任何想反對的人，都可以到那裡去進行反對……」

勒納是一位有開創性貢獻的實驗物理學家，一九〇五年因陰極射線實驗方面的貢獻獲諾貝爾物理學獎。在光電現象實驗方面，他也取得了重要的成就，但他對理論物理的確很不在行。雖然他想用他的「觸發假說」來解釋他在光電效應實驗中的發現，最後卻被愛因斯坦的「光量子假說」取而代之。他對他周圍的人似乎總有無窮的埋怨與敵意。愛因斯坦的廣義相對論他無法理解，愛因斯坦飆升的名聲更使他有無名的怒火。現在愛因斯坦在報紙上公然向他挑釁，他非常憤怒。看來，九月底德國自然科學家和醫生協會在巴特瑙海姆召開的全體大會上，將會爆發一場惡戰。

一九二〇年九月十九日，大會如期在巴特瑙海姆舉行。二十三日被確定為辯論相對論的日子，由普朗克主持辯論。他感到肩上的擔子很重。德國科學界正獲得世界的承認，如果這次會議上發生嚴重的混亂，那對剛剛復甦的德國科學界的聲譽將是一場可怕的災難。

普朗克致開幕詞，用稍帶正式的腔調先後承認辯論的雙方都有一些道理。

這次會議差不多是勒納與愛因斯坦之間的一場爭論。觀眾的眼睛都集中在這兩個對手身上。勒納不停地進攻，愛因斯坦卻巧妙地應對。愛因斯坦在弄懂了勒納所有的反對意見後，立即以一種有所保留的鮮明方式加以反駁。

四小時終於挨過去了！上帝保祐，沒有出什麼嚴重的問題。爭論雙方都保持了克制，基本上在一種學術討論中進行交鋒。時間一到，普朗克舒了一口氣，立即做了總結，最後他還十分幽默地說：「不幸的是，相對論還沒有擴展到我們會議中來，因此現在休會。」

普朗克從來沒有如此機智幽默過，他顯然如釋重負。

會議結束後，索末菲十分高興地在十月七日寫信給愛爾莎說：「整個危機結束了，我十分高興。您的丈夫以及他那和藹和實事求是的態度戰勝了危機，這是他的對手勒納所不具備的品質。」

但愛因斯坦顯然不像索末菲以及許多德國物理學家那樣如釋重負，以為「整個危機」真的「結束」了。他知道，這還只是邪惡反猶浪潮的開端，惡浪還在後面。而且，巴特瑙海姆會議已經對他的內心埋下了深沉的痛苦，與這種已經不具有科學家素養的騙子爭辯，實在痛苦，甚至使他失去了所有的幽默感。第二年在耶拿召開相同的會議時，愛因斯坦已經沒有任何興趣去參加。一九二一年秋天，他說：「去年在巴特瑙海姆，那些大人物對我造成了很多的麻煩。我正努力遠離那些暴徒，並且做到了這一點。」

事實上，愛因斯坦是對的，在巴特瑙海姆會議之後，勒納開始用令人厭惡的邪惡反猶太人思想，來標榜自己反對相對論，一位得過諾貝爾獎的科學家也由此徹底墮落。

一九二二年，勒納在一次科學會議上的發言已經完

▲ 愛因斯坦與愛爾莎1921年於柏林

全不是科學討論，而成了狂妄的吠叫：「愛因斯坦的相對論只是一種狂熱的推測，是猶太人的遊說，根本與科學不相容。」實際上，是他自己狂熱、惡毒的嫉妒心使他失去了理智而瘋狂，並「與科學不相容」。

一九三三年三月，希特勒登上了總理寶座，勒納受到納粹的重用，於是，他更肆無忌憚地在納粹的機關報上叫嚷：「猶太人對科學研究有很危險的影響，其證明之一就是愛因斯坦先生的理論！這個理論是一盤大雜燴！我們以前把這個猶太人當作一個好德國人，這是多麼嚴重的錯誤啊！」

幸好這時愛因斯坦已經逃離德國，否則他就會與被屠殺的六百萬猶太人一樣，被送進集中營的焚屍爐。

為了報答希特勒的「恩遇」，勒納不僅僅要打倒愛因斯坦，他還要證明德國人是世界上最優秀的人種，理應統治全世界，他聲稱：「我們通常所說的自然科學，完全起源於德國人中的雅利安人，德國人今天必須自己走出一條路來。」他說到做到，從一九三六年到一九三七年，居然挖空心思地炮製出一套四卷本的《德國物理學》。在這套書的前言中，勒納大放厥詞：「德國物理學是雅利安或北歐人的物理學，是那些客觀實在的探索者和真理追求者的物理學。科學是由種族來決定的。」

他還說，凡是過分抽象的理論就應該歸屬於「猶太物理學」，而「猶太物理學」的代表人物就是愛因斯坦。

一第十四章一

獲得諾貝爾物理學獎

Albert Einstein

愛因斯坦要獲得諾貝爾獎是遲早的事情，他在與米列娃離婚時就把這一點以協議的形式寫進了離婚的文件中：今後如果獲得了諾貝爾獎，其獎金將全部歸米列娃所有。愛因斯坦本人對獲獎的興趣並不大，但對於這筆獎金恐怕就「情有獨鍾」了。由於法國佔領了魯爾工業區，德國工業幾乎全面衰退，德國貨幣馬克的幣值暴跌。可怕的困苦影響到了包括愛因斯坦在內的中產階級，他們儲蓄的價值一夜之間跌到谷底，基本食品的價格高得驚人。到一九二三年十一月，一兆馬克紙幣的購買力只等於一九一四年的一個德國馬克。愛因斯坦用自己在德國的薪水，根本養不活米列娃母子三人。為了賺更多的外幣養活他們，他不得不頻繁地到國外講學，並把賺得的外幣違法地藏到埃倫費斯特那裡。如果有了諾貝爾獎獎金這一筆價值不菲的外幣，那他就可以暫時解除後顧之憂。

很早就不斷有人提名他為諾貝爾獎的候選人，但由於種種令人難以置信的理由，一直沒有成功。一九二二年，他終於獲得了一九二一年的諾貝爾物理學獎，當他知道獲獎消息的時候，適逢他在去日本的旅途之中，因而沒有參加當年十二月十日在瑞典斯德哥爾摩市舉行的授獎盛典。還有許多他沒有想到的麻煩事出現了……

（一）獲獎原因

在二十世紀所有的獲獎者當中，恐怕只有愛因斯坦獲獎時引起的麻煩最多，而獲獎原因更是奇怪得獨此一家。

一九二二年，大約是九月十八日，瑞典著名科學家、諾貝爾獎物理學委員會主席阿瑞尼斯寫信給愛因斯坦說：「您十二月份應該到斯德哥爾摩。如果那時您在日本，可能不太合適。」同一天，勞厄也寫了一封信給愛因斯坦：「根據我昨天得到的可靠消息，十一月份諾貝爾獎的推選工作將展開，因此十二月份你最好待在歐洲。」

雖然愛因斯坦已經意識到一九二二年他應該會獲得諾貝爾獎，而且阿瑞尼斯已經暗示他最好不要在這緊要關頭離開歐洲，因為這樣會影響瑞典科學院最後的投票，可是這時愛因斯坦已經與日本改造社簽訂了去日本講學的合約，他不能違背合約。九月二十二日，他回信給阿瑞尼斯說：「合約使我非去日本不可，我不可能推遲我的旅行日期。」

十一月十日，即他到達中國上海的前兩天，一份電報送到了愛因斯坦在柏林的家。電報上寫道：「授予您諾貝爾物理學獎。另函詳陳。」同一天，瑞典皇家科學院的祕書奧瑞維勒斯寫信給愛因斯坦：「皇家科學院決議授予您去年度的諾貝爾物理學獎，以表彰您在理論物理學中的工作，特別是您在光電效應規律方面的發現，但是沒有考慮您的相對論和引力理論一旦得到證實後所應獲得的評價。」

與此同時，一九二二年的物理學獎則因為「原子結構和原子輻射的研究」，授給了丹麥的尼爾斯·波耳。

一九一九年十一月，英國皇家學會主席湯姆森鄭重宣稱：「愛因斯坦的引力理論是自牛頓時代以來關於引力理論最重要的結果……是人類思想的最高成就之一。」當時的科學界權威人士勞倫茲說：「日食觀測的結果是對一種理論最光輝的證實，而且也是通往諾貝爾獎的道路。」甚至連一開始勸愛因斯坦「不要研究什麼廣義相對論，即使提出來了也沒有人信」的普朗克，也在一九一九年一月十九日因廣義相對論的成就，提名愛因斯坦為獲獎候選人，理由是他邁出了超越牛頓的第一步。一九二一年有更多的人因廣義相對論而提名愛因斯坦，但諾貝爾獎委員會因為也有不少人反對相對論而猶豫不決，於是，戲劇性的故事出現了。諾貝爾獎評審委員會決定，一九二一年乾脆不頒發物理學獎。結果一九二一年真的沒頒獎給物理學學者，而其他五項獎照常頒發。這也是諾貝爾獎頒獎史上的一次奇特行為。

▲ 愛因斯坦訪問日本的照片

在一九一九年以前，無論是對狹義還是廣義相對論，每年都會突然冒出一些反對意見或證實其有誤的實驗，而提出這些反對意見和實驗結果的人又多不是等閒之輩，有的還是非常著名的科學家（或哲學家），因而引起諾貝爾獎委員會的猶豫，也不是完全不可理解的事情。說他們保守，恰如其分；但說他們過於慎重也未嘗不可。但是在一九一九年英國日食遠征考察隊以確鑿的觀測結果，證明了愛因斯坦的新引力定律後，委員會的猶豫就非常令人費解了。

一九二二年的推薦信又陸續寄到了委員會，推薦愛因斯坦的著名科學家越來越多。法國的布里淵甚至在信上寫道：「試想，如果諾貝爾獲獎者的名單上沒有愛因斯坦的名字，那五〇年代以後人們的意見將會是怎樣？」

普朗克建議，將一九二一年的物理學獎補發給愛因斯坦，一九二二年的給波耳。

在大勢所趨的形勢下，愛因斯坦終於在一九二二年得到了一九二一年的諾貝爾物理學獎，諾貝爾獎委員會雖然留下了種種遺憾和可供指責的地方，但是他們終於正確地把諾貝爾物理學獎授給最應該得到它的人。不過，由於在十二月十日頒獎盛典時愛因斯坦正在日本，因此他沒有出席盛典。

愛因斯坦於一九二三年三月中旬回到柏林，十七日阿瑞尼斯寫信給他，建議他在七月份到瑞典做諾貝爾獎獲獎演講，這樣他可以出席在哥德堡為紀念該城市建立三百周年而舉行的斯堪地納維亞科學協會會議，還說：「人們肯定會因為相對論的演講而感謝您。」

真可笑！一直堅持愛因斯坦不能因為相對論獲獎，卻偏偏要他講相對論。相對論奇妙的魅力由此可見一斑了！

七月十一日，這天很熱，愛因斯坦穿著禮儀要求的黑色禮服，在二千多名聽眾面前做了題為「相對論的基本思想和問題」的報告。瑞典國王古斯塔夫五世也在座聆聽。但是，我們無法知道有多少人能聽懂愛因斯坦的報告。

（二）愛因斯坦的國籍

在沒有獲得諾貝爾獎時，愛因斯坦的國籍問題雖然也含含糊糊，但不那麼重要，人們有時說他是瑞士人，有時又說他是德國人。愛因斯坦還為自己是「德國的學者」還是「瑞士的猶太人」開過玩笑。

愛因斯坦現在獲得了諾貝爾獎，國籍問題立即顯得十分突出。一九二二年十二月十日是諾貝爾獎授獎典禮日，因為這時愛因斯坦不在歐洲，因此按慣例由獲獎者所屬國家駐瑞典大使代領獎項。愛因斯坦的獎狀、獎章由德國大使納多爾尼代領，他在致辭中說：「我國人民因為他們中的一員再次能夠為全人類做出貢獻而感到喜悅。……多年來，瑞士為這位學者提供國籍和工作的機會，希望瑞士的朋友們也和我們一起高興。」這時，納多爾尼肯定認為愛因斯坦是德國人，沒有任何疑問。但一九二二年，愛因斯坦是一個道地的瑞士人，他每次到國外，包括去日本旅行、演講，持的都是瑞士護照，這是不爭的事實。於是出現了一場鬧劇：瑞士駐瑞典大使提出要澄清愛因斯坦的國籍問題，他指出，就他所知愛因斯坦是瑞士人。

德國大使立即用電報向國內相關部門諮詢，但回答是矛盾的。普魯士科學院在十二月四日的回電中說：「愛因斯坦是德國人。」而外交部在十二月十一日的回電中說：「愛因斯坦是瑞士人。」

科學院的根據是，愛因斯坦於一九二〇年五月四日宣誓就職為普魯士科學院院士和物理研究院所長，只有德國人才能宣誓成為官員，因此宣誓之日起，他就自動成為德國人了；當然，他同時保有瑞士國籍。普魯士科學院把這一判定通知了愛因斯坦。

愛因斯坦從西班牙回到德國後知道國籍一事引起了風波，他於一九二三年三月二十四日告知科學院，說一九二〇年宣誓前他就提出了一個先決條件——不改變他的國籍。一九二三年六月十日，他親自拜見德國外交部部長羅森堡，重申這一立場，並特地指出他一直都持瑞士護照出國旅行這一事實。但是，後來愛因斯坦似乎又不再反對他有德國國籍了。在一九二四年二月七日他為科學院《院志》寫的一份類似聲明的短文中，他寫道：「羅森堡先生的決定性意見是，我在科學院中就職意味著我得到了德國的國籍。既然按照《院志》的規定不能保留相反的意見，我對此也無異議。」這一聲明為日後留下了隱患。

▲ 1922年，獲諾貝爾獎時的照片

這事就到此為止。現在回過頭來談一九二三年愛因斯坦回到柏林後，如何處理瑞士大使提出的問題。一九二三年四月六日，愛因斯坦的繼女伊爾莎寫信給諾貝爾獎委員會，希望委員會將獎章和獎狀寄到柏林，如果非得透過外交程序，就「應當考慮瑞士大使館，因為愛因斯坦教授是瑞士公民」。結果委員會用了一個折衷方案處理了這件敏感的事情：瑞士駐德國大使拉莫爾男爵把獎章、獎狀送到愛因斯坦家中，這場愛因斯坦國籍的爭論才算了結。

（三）獲獎後的麻煩

獲獎本是愛因斯坦早就預計到了的，但他恐怕也沒有想到他獲獎的事，竟惹來了許多意料不到的麻煩和危險。

愛因斯坦於一九二三年七月在哥德堡做了諾貝爾獎的演講之後，就讓諾貝爾獎委員會把十二萬瑞士法郎的獎金直接匯到瑞士。他本以為，米列娃和兩個兒子的生活從此不會再有困難，自己也可以喘一口氣，不必到處演講賺錢，可是他萬萬沒有想到，因為這筆錢，他和米列娃之間發生了可怕的爭吵，連他的大兒子漢斯也惡毒地詛咒他。愛因斯坦真的氣壞了。

爭吵的起因是離婚時的協定：如果愛因斯坦獲得了諾貝爾獎，這筆獎金將用來解決米列娃母子三人的生活費用。但協定又規定，這筆錢將存在一個他們不能接觸的帳戶上，他們只能自由地動用這筆錢的利息。由此雙方爆發了非常可怕的爭吵，漢斯也寫了一封很粗野的信給他的父親。愛因斯坦看了這些信，不由十分傷心和憤怒。一九二三年七月二十日，他寫信給埃倫費斯特傾露心聲：「漢斯對原來協定的安排十分不滿，因此寫了一封粗魯無知的信給我。我今年不想再見到他。」

漢斯這時都十九歲了，竟然不理解父親為他們的生活付出了多少精力和勞動；有時為了賺更多的錢，愛因斯坦還向請他演講的機構提出過高的費用要求，為此還損害過他的名聲。米列娃更是毫不留情面地責罵愛因斯坦。愛因斯坦十分生氣地在一九二三年七月二十六日寫信給一位朋友說：「米列娃寫信給我的口氣，完全不像是寫給一個為她獻出一切的人。」

原本愛因斯坦計畫在假期與兒子們一起度假，現在他在氣頭上，取消了這一安排。

後來經過朋友們的調解，這場爭吵才逐漸平息下來。他們更改了協定，將獎金用來在蘇黎世買下三棟房子，房子的租金可以為米列娃母子三人提供永久的生活保障。後來，米列娃陸續賣了兩棟，只留下了一棟，一直住到她一九四八年八月四日去世為止。

一九二三年九月，漢斯與父親和解了，他和父親到基爾一起住了兩個星期。九月十二日，愛因斯坦從基爾寫信給埃倫費斯特，說：「我和小阿爾伯特又和好如初了。……我們在一起很快樂，一起演奏，一起駕駛帆船，泛舟海上。」

▲ 愛因斯坦和他的大兒子漢斯（攝於1927年）

除了家庭的爭吵以外，更嚴重的麻煩是愛因斯坦的敵人在得知他獲得諾貝爾獎以後，在德國掀起了更猛烈的攻擊，他們恨不得一下子將愛因斯坦置於死地。勒納是攻擊愛因斯坦的急先鋒，他不僅惡毒地攻擊過相對論，而且他在知道愛因斯坦是因光電效應獲諾貝爾物理學獎後，更是火冒三丈。他一直認為發現光電效應的優先權非他莫屬，現在讓愛因斯坦「掠人之美」，實在讓他無法忍受。他寫了一封信給瑞典皇家科學院說：「科學院完全不考慮自己的名聲和影響，卻去重建愛因斯坦已經失去了的威望。」

一九二三年九月，愛因斯坦參加了在波恩舉行的全德自然科學家和醫生協會的年會，開完會他到荷蘭萊頓待了六個星期。

正在這時，一則惡毒的謠言在德國散開。九月十五日，愛因斯坦正在基爾，一份報紙上登出了一則消息：「由莫斯科傳來消息，我們得知愛因斯坦將在九月底抵達莫斯科，在那裡，他將就相對論發表演說。俄國科學家正熱切地期待著他的光臨。早

▲ 1923年，愛因斯坦在柏林與英、法科學家一起進行反戰示威

在一九二〇年，愛因斯坦的著作就被空運到俄國，且立即被譯成俄文，出現在布爾什維克的公文上。」我們知道，德國外交部部長拉特瑙就是因為與蘇聯簽訂友好條約被激進分子暗殺，極右派勢力認為與俄國友好不符合德國的利益。現在傳來愛因斯坦要訪問俄國的消息，那還得了！這不明顯是要與布爾什維克合謀顛覆德國嗎？

謠言一發而不可收拾。人們似乎都相信了這一謠傳，因為愛因斯坦的確在一九二三年的六月至七月幫助創建了「新俄朋友協會」，並且是該協會執行委員會的委員。愛因斯坦十月中旬從萊頓回到柏林時，謠言已經傳得滿天飛。十月二十七日，民主黨的報紙報導：「愛因斯坦教授已啟程前往莫斯科……莫斯科方面已經準備好要給這位德國科學家一個盛大的歡迎儀式。」

當天《民族報》更是說得言之鑿鑿：「蘇維埃報紙報導，愛因斯坦將於二十八日到達彼得堡，將在那裡對一群受過科學訓練的工人演講。」

你瞧，演講，而且對一群工人演講，多有煽動性呀！這時，愛因斯坦收到了恐嚇信，他的生命又處於危險之中。於是，十一月七日他又離開德國，到萊頓躲避。

普朗克於十一月十日寫信給已在萊頓的愛因斯坦，他一直不贊成愛因斯坦捲入政治活動之中。他在信中寫道：「你不要再參加任何行動，以免最終回不了柏林。你肯定會收到無數極有誘惑力的邀請，因為外國早就嫉妒我們擁有你這個無價之寶，但是請你為那些尊敬並且熱愛你的人們想一想，千萬不要使他們為你……感到傷心。」

普朗克還請求當局調查恐嚇信的來源。在十一月中旬，由於人們推測他已經「從俄國回來了」，於是恐嚇信接連寄到柏林愛因斯坦的家中，有些恐嚇信甚至說要像處置拉特瑙一樣處置他。但當局不知出於什麼原因，沒有查出任何結果。

十一月三十日和十二月五日，普朗克又分別寫信給埃倫費斯特和勞倫茲，請他們轉告愛因斯坦，無論怎麼樣，他必須保住在柏林的居住權，並且至少每年參加一次科學院的會議。

愛因斯坦沒有像普朗克一樣把問題看得那麼嚴重，他認為一旦事實澄清了，一切就會大白於天下，但他對普朗克的關懷仍然十分感激。他在十二月六日從萊頓寫信給普朗克說：「您寫給埃倫費斯特的關愛我的信，為我帶來很大的愉快和欣慰。我覺得目前沒有什麼理由會使我長期流放。」

他還告訴普朗克：他在萊頓還要做幾次演講，然後在耶誕節前幾天回到柏林。

所謂愛因斯坦的俄國之行，完全是空穴來風。愛因斯坦當時沒有，後來也沒有去過俄國，整個事件完全是唯恐天下不亂的造謠鬧劇。透過這次事件，愛因斯坦明白，歐洲再次顯示了某種危險的徵兆，德國很可能再次重蹈覆轍。

一九二四年一月五日，他回到柏林後不久就寫了一封報平安的信給貝索：「雖然經歷了這次事件，但外部的經歷只不過是表面的事，而主要的東西仍然是科學。」一九二四年，愛因斯坦外出演講的活動也告一段落。以後的幾年中，除了一九二五年的五月至八月他到南美洲去了一趟，他基本上沒有出過遠門。他開始關注統一場論，也關注著量子理論的新進展。

一第十五章一

與波耳的友誼和爭論

愛因斯坦雖然在創建相對論的艱難研究中耗費了大量的時間和精力，但是量子物理學始終是他關注的一個重要問題。他不僅對早期量子論做出了巨大的原創性貢獻，而且對現在人們熟悉的量子力學的形成和完善有過重大作用。

一九六三年，德布羅意說：「一九二三年，我突然意識到了，愛因斯坦一九〇五年的發現，應該推廣到一切物質粒子上去。」換句話說，不僅光，而且物質也應該顯示波粒二象性。後來，波動力學的創立者薛丁格也是受了愛因斯坦的影響，才開始研究德布羅意的物質波思想。此外，在思想方法上，愛因斯坦的思路也深深影響了另外一個量子力學的創建者海森堡。

▲ 法國物理學家L. V. 德布羅意

愛因斯坦後期雖然反對量子力學的解釋，但是他提出的一些見解仍然直接推動了量子力學基礎的後期研究，為量子力學的進一步發展提供了思路。

由於對量子力學的解釋意見不一致，愛因斯坦和哥本哈根學派的首要人物波耳，發生過科學史上有名的科學爭論。我們在這裡稍詳細地做一些回顧。

（一）愛因斯坦與波耳的友誼

在談到愛因斯坦與波耳（更確切點說是哥本哈根學派）的爭論之前，先要談談他與波耳之間的親密關係。

在波耳一九一三年發表了氫原子理論的文章以後，愛因斯坦就十分關注和敬重波耳。一九一九年十一月九日，在寫給埃倫費斯特的信中，愛因斯坦寫道：「我對波耳十分著迷，經過你的介紹，我對他越來越感興趣。你使我意識到，他是一位具有很強洞察力的人，與他在一起一定十分開心。」

在一九四九年出版的論文集《阿爾伯特・愛因斯坦：哲人科學家》中，愛因斯坦高度評價了波耳的貢獻。他寫道：

我要使物理學的理論基礎適應新的實驗發現的一切嘗試都失敗了。這就像一個人腳下的土地被抽掉了，使他看不到哪裡有可以立足的穩固基地。至於這種搖晃不定、矛盾百出的基礎，竟足以使一個像波耳那樣具有獨特本能和機智的人，發現光譜線和原子中電子殼層的主要定律以及它們對化學的意義，這件事對我來說，就像是一個奇蹟——而且即使在今天，在我看來仍然像是一個奇蹟。這是思想領域中最高的神韻。

一九五四年三月二十日，愛因斯坦於去世前一年又在信中表達了他對波耳研究風格的敬慕。他寫道：「他發表自己的意見，像一個永遠在摸索著的人，而從來不像一個相信自己掌握了確切真理的人。」

愛因斯坦第一次見到波耳是在一九二〇年四月，當時波耳應普朗克的邀請到柏林來做系列講座。當波耳到愛因斯坦寓所拜訪愛因斯坦時，細緻、善良的波耳還帶來了丹麥的奶油和其他一些營養品。這對於處於生活困境中的柏林居民來說，實在是太重要了。後來在五月二日寫給波耳的信中，愛因斯坦寫道：「這是來自哥本哈根最好的禮物，那裡的牛奶和蜜還在不斷地流著。」愛爾莎作為主婦也在信中對豐厚的禮物表示感謝：「看到這些精美的食品，我這個主婦的心都醉了。」

愛因斯坦在信中還寫道：「在我的一生中，很少有人能夠像你那樣，一出現在我面前就為我帶來了極大的快樂。我正在讀你的大作，當我在閱讀中遇到什麼困難時，我就很高興地發現你那年輕的面孔浮現在我的眼前，微笑著解釋。我從你那裡已經學到了不少的東西，特別是你對待科學的那種態度。」

波耳立即回信給愛因斯坦：「能和您見面、交談，是我一生中最重要的經歷之一。我無法表達我是多麼感謝您在我訪問柏林時對我的友好接待。您不知道，能得到這個盼望已久的機會來聽聽您對我致力那些問題的看法，對我是多麼大的鼓舞、激勵。我永遠不會忘記我們之間的談話。」

五月四日，愛因斯坦又寫信給埃倫費斯特表達見到波耳的愉快心情，他寫道：「波耳來到柏林，像你一樣，我被他迷住了。他像一個敏感的孩子，像被催眠一樣在這個世界上行走。」

▲ 奧地利著名物理學家薛定諤

一九二〇年八月，他們又見面了。愛因斯坦在挪威的奧斯陸做了三次演講。在回柏林的途中，他專程到哥本哈根與波耳見面。除了與波耳交談以外，愛因斯坦還在丹麥天文學會做了一個報告。八月四日，愛因斯坦在給勞倫茲的信中寫道：「奧斯陸之行實在美妙極了，而最美妙的是我在哥本哈根與波耳一起度過的那幾個小時。波耳是一個天賦極高、極優秀的人。那裡著名的物理學家們大多也是很有才華的人，這對物理學來說是一個好兆頭。」

第三次見面也是在哥本哈根，那是一九二三年七月，不過在這次見面之前，他們之間曾因為兩人獲得諾貝爾獎通過一次信。

一九二三年七月，愛因斯坦到瑞典哥德堡接受諾貝爾獎，順路到哥本哈根又一次看望了波耳。他們兩人從在火車站見面就開始談物理，談得如此之忘情，以致發生了一樁很可笑的事情。這件事波耳曾對他的兒子奧格・波耳和羅森菲爾德談到過，他說：

當愛因斯坦來到哥本哈根時，我當然要到火車站去接他。我們從火車站出來後上了電車，就開始對一些問題異常熱烈地討論起來了，以致我們遠遠坐過了該下車的站。我們只好下車再坐回程車，但是又遠遠坐過了頭。我記不得停了多少站，我們只顧坐著電車來來回回地跑，因為那時愛因斯坦確實對我的研究有了極大的興趣，當然，其中懷疑的成分有多大，我不清楚，但我們坐著電車來回跑了許多次是真，至於別人怎麼看我們，那就不知道了。

在此後的歲月中，他們會見的機會不是很多，但他們註定要成為探索宇宙奧祕學術上的對手。對波耳來說，愛因斯坦扮演了一個獨特、重要的角色。一九六一年七月十二日，在波耳去世前一年他還說：「愛因斯坦的可愛是那樣地令人難以置信。在他已經去世幾年以後我還是要這樣說，我仍然覺得愛因斯坦的微笑就在眼前，一個非常特別的微笑，既聰明，又厚道，又友好。」最令人感動的是，一九六二年十一月十八日波耳去世，而他的工作室的黑板上還畫著一個一九二七年他與愛因斯坦爭論時，愛因斯坦設計的「光子盒」草圖。可見，即使愛因斯坦已去世七年，波耳仍然把愛因斯坦作為自己學術上的對手，力求從愛因斯坦那裡得到更多的靈感、啟迪。

現在，我們就轉到愛因斯坦與以波耳為首的哥本哈根學派之間的爭論上來。這場爭論在整個科學史上有著重要的地位。

▲ 丹麥著名物理學家、哥本哈根學派首要人物波耳

（二）第一次交鋒

一九二七年九月，在義大利的科莫湖邊舉行了一次國際物理學家的會議，會議是以紀念義大利科學家伏特逝世一百周年的名義召開的。許多一流的科學家如波恩、德布羅意、康普頓、包立、海森堡、普朗克和拉塞福等人都參加了會議。愛因斯坦受到邀請，卻因故沒有參加。波耳在會議上第一次正式向科學界闡述他對量子力學的基本設想——互補關係。波耳認為自然現象，尤其是微觀世界發生的自然現象，不可能同時滿足經典物理學的兩大要求，即嚴密的因果要求和要用空間和時間描述客體的一切現象的要求。兩個要求實際上代表了原子現象的互相排斥而又互相補充的兩個方面。

可惜愛因斯坦沒有來，大家都希望聽到愛因斯坦的聲音。

科莫會議結束後不久，一九二七年十月二十四日到二十九日，在比利時的布魯塞爾召開了第五屆索爾維會議，會議的主題是「電子和光子」。由於這次會議波耳和愛因斯坦都要參加，所以大家都以激動而緊張的心情參加這次會議，所有的人都急於瞭解：愛因斯坦會怎麼看待波耳的互補原理呢？他會反對波耳的詮釋嗎？人們知道，在此之前他們兩人對有關量子理論的看法就有過分歧，但衝突沒有激化和充分暴露。這一次，愛因斯坦會怎麼說？

這次索爾維會議之所以特殊、重要，除了因波耳和愛因斯坦有著名的爭論以外，還因為這次會議是第一次世界大戰以後第一次有德國代表參加的科學會議，因而也標誌著科學界國際關係的明顯好轉。在戰後，一九二一年和一九二四年的兩次索爾維會議都不准德國等軸心國的物理學家參加。雖然愛因斯坦是個例外（因為他持有瑞士護照），前兩次會議都邀請了他，但他認為把政治帶進科學事務中是不恰當的，科學家個人不應對他所屬國家的政府負責。為此，他謝絕了邀請。

但這一次，領導世界物理發展的一流物理學家將無一例外地雲集布魯塞爾。會議開始的第一天，玻恩和海森堡做了有關矩陣力學的報告，報告結束時他們聲稱：

我們認為，量子力學是一種完備的理論，其數學物理基礎不容做進一步的修改。

這一結束語頗有點挑戰意味，似乎已無商量餘地。

接著，波耳應會議主席勞倫茲的邀請發了言。波耳在發言中再次指出，波粒二象性的困境說明，原子過程如果用經典概念來描述將會遇到根本性的困難，因為對原子現象的任何觀察都肯定會涉及一種不可忽略的其與觀察儀器之間的相互作用，而且又不能恰當地予以補償。因而，量子物理學的詮釋只能是統計性的。

波耳講完了之後，大家的目光都投向愛因斯坦，期望他對此做出評價。看來不表態不行了，於是愛因斯坦站起來，先例行地客套了一番：

我必須因為我不曾徹底研究量子力學而表示歉意，不過我還是願意提出一些一般的看法。

會場人們的情緒激動到了極點，他們想一睹兩位科學偉人的交鋒。愛因斯坦表示他不喜歡不確定性原理，至於互補原理，也是不能接受的。他指出——

> 這個理論的缺點在於：它一方面無法與波動概念發生更密切的關係，另一方面又用基本物理過程的時間和空間來碰運氣。

▲ 1925年，波耳和愛因斯坦在埃倫費斯特的家裡

愛因斯坦發言完畢後，會場秩序大亂，都喊著要發言，會議主席勞倫茲已經無法維持會議秩序。埃倫費斯特看情況不妙，突然計上心頭。他跑到黑板上寫了一句讓大家鬨然大笑的話：

> 上帝果真讓人們的語言混雜起來了！

這句話源於《聖經・舊約全書》中《創世紀》第十一章。巴比倫人想要建造一座通天高塔，上帝耶和華知道以後又驚又怒，於是他使天下人的語言混亂，彼此語言不能相通。最後人們只好扔下建築工具，各奔東西，流向世界各地。

波耳在後來的答辯中力圖把愛因斯坦爭取過來，說互補原理也曾出現在愛因斯坦的理論中。一九〇五年，愛因斯坦不是指出光既是光子又是波嗎？一九一七年，愛因斯坦不是曾給出一個表示機率的原子自發輻射嗎？……但愛因斯坦不為所動，仍然用一個又一個的理想實驗來向哥本哈根學派挑戰。

但愛因斯坦提出的幾個理想實驗，都被波耳一一駁倒。愛因斯坦在第一次交鋒中輸給了波耳，波耳成功地表明哥本哈根詮釋的邏輯無矛盾性。許多科學家真正認識了波耳理論迷人的本質。埃倫費斯特原來是愛因斯坦最忠實的朋友，在這次會後他說：

> 布魯塞爾的索爾維會議真太妙了！……波耳完全超越了每一個人。他起初根本沒有被人理解，後來一步一步地擊敗了每一個人。
>
> 當然，又是波耳那種可怕的術語糾纏。對任何人來說，總結它是不可能的。……每天半夜一點鐘他就走進我的房間來，說只講一個字，但每次都要講到凌晨三點鐘。波耳和愛因斯坦交談時如能夠在場，對我來說是一大快事。這就像一場棋賽一樣，愛因斯坦永遠有新招。在某種意義上，

▲ 上帝耶和華讓人類語言混亂，因此沒有能夠建成通天塔

這是一種用來推翻不確定性關係式的第二種永動機。波耳在哲學的雲霧以外不斷地尋求工具來粉碎一個又一個的例子。愛因斯坦像一個盒子裡的彈簧人那樣，每天都精神抖擻地跳出來。啊，這真是無價之寶呀！但我卻幾乎無保留地擁護波耳而反對愛因斯坦。他對波耳的態度，恰恰像當年那些捍衛絕對同時性的人對他的態度一樣。

▲ 德國著名物理學家海森堡，他是量子力學的創始人之一

會議後，愛因斯坦仍然沒有被說服。在他看來，波耳的論斷與其說是一種科學理論，倒不如說是一種精巧設計的獨斷論的信仰。一九二八年五月二十一日，在一封給薛丁格的信中他尖刻地表示了自己的不滿：

海森堡・波耳的綏靖哲學……是被精心設計的，使得它暫時得以向那些忠誠的信徒提供一個舒適的軟枕。要把他們從這個軟枕上喚醒是不那麼容易的，那就讓他們在那裡躺著吧。

但愛因斯坦並不甘心讓「他們在那裡躺著」，在一九三〇年十月二十日至二十五日舉行的第六屆索爾維會議上，他又一次向哥本哈根學派提出了挑戰。

(三)第二次交鋒——光子盒弔詭

在第六屆索爾維會議上,愛因斯坦提出了著名的「光子盒」理想實驗,想一舉否定不確定性關係。愛因斯坦的目的十分明確,只要能夠透過對一個理想實驗的機制進行細緻透徹的分析,推翻了不確定性關係式,那麼波耳的理論將會分崩離析。

這是一次嚴峻的挑戰,愛因斯坦用他的相對論,竟巧妙地「駁倒」了哥本哈根學派的理論。據目睹者回憶,波耳聽完了愛因斯坦的談話後,竟臉色蒼白、呆若木雞。

愛因斯坦一定覺得自己穩操勝券了,不免有點得意。但是,在第二天的會議上,他奇怪地發覺波耳竟一改昨天的頹勢,顯得精神抖擻、志在必得。還沒等愛因斯坦摸清是什麼原因時,波耳開始指出昨天光子盒理想實驗的一個致命漏洞。等波耳講完了以後,這次輪到愛因斯坦呆若木雞了!

▲ 1927年的索爾維會議,愛因斯坦已經位居中間位置

波耳的反駁是致命的，因為他巧妙地利用愛因斯坦十五年前在廣義相對論中的一個重要發現，找到了愛因斯坦光子盒理想實驗中的一個錯誤。

愛因斯坦昨天在推理時，卻忘了這一個由他自己發現的效應！

波耳不但發覺了，而且他還指出：在光子輻射前秤量了光子盒的重量之後，由於光子輻射離開光子盒後，光子盒和鐘一起在重力方向上發生了位移。於是，不確定性又不可避免地出現了！

波耳在結束談話時理直氣壯地聲稱：「因此，如果用這套儀器來精確測量光子的能量，就不能精確測出光子輻射出來的時刻。」

愛因斯坦不得不承認，波耳的推理非常有說服力，完全正確，還有什麼東西能比他自己的紅移公式對他更有說服力呢？愛因斯坦的「迴力標」飛出去後又飛回來了，而且擊中了自己。

（四）第三次交鋒——EPR弔詭

那麼，愛因斯坦是否就此屈服，承認了哥本哈根詮釋了呢？沒有。我們只能說愛因斯坦在幾次辯論中失敗了，但他並沒有被說服。他拒絕接受量子力學的機率詮釋是「終極定律」，堅持認為在這種詮釋的後面還隱藏著更深的基本規律。他的這一信念在一九二六年十二月四日給玻恩的一封著名的信中，曾經有過鮮明的表述：

> 量子力學是令人讚歎的，但是有一個內在的聲音告訴我，這還不是真正的結果。這個理論有很大的貢獻，但是它並不使我們更接近上帝的奧祕一些。無論如何，我不相信上帝是在擲骰子。……我正在辛苦工作，要從廣義相對論的微分方程式，推導出看作奇點的物質粒子的運動方程式。

儘管愛因斯坦沒有折服，但第六屆索爾維會議終究成為一個重要的轉捩點。在此之前，愛因斯坦的挑戰主要是針對量子力學的一致性，即力圖找到量子力學在邏輯上的內在矛盾，從而證實量子力學「還不是真正的貨色」。在光子盒理想實驗被波耳徹底駁倒之後，愛因斯坦已經意識到，他的這一目標至少在短期內是無法實現的。於是，他改變了想法，承認量子力學是一種正確的統計理論，但是否可以從更普遍、更原則的角度討論量子力學的完備性問題呢？如果能從根本上證明量子力學對微觀過程的描述是不完備的，那就可以進一步設法排除機率詮釋（「我不相信上帝是在擲骰子」），維護他所竭力加以維護的決定論（「從廣義相對論的微分方程式，推導出看作奇點的物質粒子的運動方程式」）。

▲ 愛因斯坦與波耳

經過一段時間的醞釀，愛因斯坦於一九三五年正式從完備性觀點出發，又一次向哥本哈根的量子理論發起了挑戰。這年三月二十五日，美國《物理評論》收到愛因斯坦、玻多爾斯基和羅森三人合寫的文章〈能認為量子力學對物理實在的描述是完備的嗎〉。於是，以這三位作者名字頭一個字母命名的「EPR弔詭」（Einstein-Podolsky-Rosen paradox）從此聞名天下。

這篇文章於五月十五日發表後，在物理學界引起了巨大的震撼，其震撼的餘波至今仍未平息。許多物理學家認為，這一爭論無論勝負如何，都將導致科學觀念的更新以及科學理論的進步。有人稱EPR弔詭為「第三朵烏雲」，有人甚至稱它為「二十世紀第三次狂飆」。這種評價也許值得商榷，但多少也說明EPR弔詭非同一般。

由於這一弔詭專業性太強，我們在這裡就不詳細討論它了。總之，愛因斯坦根據EPR弔詭得出結論說：哥本哈根學派關於物理實在的量子力學描述是不完備的。

那麼，能否在量子力學之外，再提供一種關於物理實在的完備描述呢？愛因斯坦回答說：「我們還是沒有解決這樣的描述究竟是否存在的問題，可是我們相信這樣的一種理論是可能的。」

對EPR弔詭做出回答，當然是哥本哈根學派首要人物波耳義不容辭的責任。七月十三日，《物理評論》收到了波耳反駁EPR弔詭的論文，論文的標題與愛因斯坦他們的論文完全一樣。兩篇文章題目完全一樣恐怕是非常罕見的事情，而且後一篇反駁前一篇，那就更加罕見了。

十月十五日，正好是愛因斯坦他們的論文發表五個月之後，波耳的文章發表了。

波耳和愛因斯坦之間經過長期爭論仍未取得最後一致的意見。這並不奇怪，因為雙方爭論的內容太龐大、複雜，而且又涉及許多認識論方面的問題，使人們不易於做出簡單的判斷。但我們仍需指出，哥本哈根學派的解釋，在雙方論戰中有著越來越重要的作用。波耳能做到這一點，應該說也得益於與愛因斯坦之間的爭論，因為正是在爭論的過程中，這兩位偉大哲人的物理思想和哲學思想才能相互滲透、交融，取長補短、去蕪存精。

兩位偉人思想的互補，才使得他們在對深奧真理的探索歷程中取得新的進步。

一第十六章一

辭去院士，離開德國

（二）納粹執政，大規模迫害開始

一九二九年十月，紐約華爾街的股票暴跌。由於美國與世界各國都有金融和經濟上的緊密關聯，因此危機迅速蔓延，危及歐洲。幾百萬歐洲人承受著危機帶來的嚴重惡果，德國更是深受其苦。美國銀行逼迫德國歸還貸款，使德國的經濟失去了必不可少的支持，結果經濟開始崩潰，失業人數迅速上升。

納粹勢力乘此機會在一九二九年有了迅速發展。這年，納粹黨在紐倫堡舉行了一次黨的代表大會，會場上懸掛的黨旗格外引人注目。這次大會實際上是對希特勒宣誓效忠的大會，而且大學生被允許進入納粹黨的權力系統。這次大會還大聲呼籲中產階級支持納粹運動。德國的失業人數不斷飆升，當失業不僅影響到工人階級而且也開始影響到中產階級時，更多的人進入了納粹黨。

一九三〇年降臨之際，德國失業人數已達到二百五十萬人。希特勒的法西斯褐衫黨徒開始用猶太人的血來祭他們的黨旗，他們攻擊猶太人，並殺害猶太人。幾乎整個一九三〇年，

▲ 遭受迫害的猶太人

褐衫黨徒不斷用拳頭和棍棒，毆打那些坐在咖啡館和劇院裡的猶太人，還用闖入、打鬥和嘲笑等方式騷擾猶太教的禮拜活動。

一九三二年是黑夜降臨德國、後來又降臨整個歐洲之前最糟糕的一年。這年德國的失業人數達到六百萬。希特勒利用這個世界經濟混亂的時期，巧妙地煽動不滿和失望的德國人怨恨、憤怒情緒，使得納粹黨獲得了越來越多的選票。這位自封「導師」的人向人民允諾就業和麵包。他惡毒地聲稱，德國的不幸應歸咎於猶太人、共產黨人和《凡爾賽和約》。

這年的三月，德國進行了一次總統選舉。參加候選的人有三位：興登堡元帥（時任總統）、希特勒和共產黨的臺爾曼。最後八十五歲的興登堡元帥以一千九百萬張選票當選。興登堡當選後的第一件事就是極力排斥他的忠實競選搭檔布呂寧，強迫他辭去總理的職務，而讓巴本伯爵出任總理。巴本是一位貴族，是極右勢力的代表人物，而且他背後有武力支持，他試圖根除一切共和與民主的痕跡。他宣稱：一個全新的時代即將開始。接著，他解散了德國國會，宣布了納粹褐衫隊合法的法令。

對這一連串的發展，許多科學家不知道噩夢即將開始，反而都為之感到高興，他們認為權力在軍隊手中是可以讓人放心的。從俾斯麥時代以來，這些科學家就相信：德國只有在軍人的統治下才有希望，而教授們的統治只會有百害而無一益。

但愛因斯坦卻十分清醒。當有人希望軍政府會阻止納粹黨的發展時，愛因斯坦明確認為：「我相信軍政府將無法阻止納粹黨的『革命』，軍政府只會鎮壓公意，那時人們將會從右翼極端『革命分子』那裡尋求保護以反抗軍政府的壓迫。」

後來局勢的發展果然如愛因斯坦所料！一九三三年一月三十日，興登堡總統終於在萬般無奈的情形下，把總理寶座給了早已覬覦這一位置的希特勒。當天晚上，在德國各地，那些長期以來一直在街頭搞恐怖活動的褐衫隊舉行了勝利遊行。一位大使夫人曾在信中描述了這天晚上的遊行：

從晚上八點直到午夜以後，一支連續不斷的遊行隊伍經過大使館前面。隊伍中有身穿制服的納粹分子和他們的支持者，以及樂隊，他們高舉旗幟和火炬。整個遊行持續了四個小時。老總統與登堡從他的窗子向外望去，在不遠的大街上，新總理和他的支持者們站在一個陽臺上正在狂呼。在我們的樓梯上，在裝有護欄的高處，站滿了狂熱分子，他們高唱古老的德國讚美詩。人們不時地狂呼：「德國覺醒了！」「打倒猶太人！」「嗨，希特勒！」……

上臺不到兩個月，希特勒就下令中止一九二〇年以來實行的《威瑪憲法》，宣布反猶太人的法令，廢除德國猶太人的公民權。威瑪共和國由此壽終正寢，獨裁的第三帝國正式開始它的迫害猶太人、擴軍備戰等一系列反人民、反民主的政策。

三月的最後一周，納粹宣布立即對猶太人的商店實行無限制的抵制活動，每一個城市都懸掛巨幅標語：「全世界的猶太人試圖毀滅德國！德國人民，保衛你自己！不要從猶太人那裡買東西！」

三月二日，納粹黨報《民族觀察者》猛烈抨擊了愛因斯坦。幸運的是，愛因斯坦和愛爾莎已經於二個多月以前離開了德國。三月二十八日，愛因斯坦在美國宣布，他將辭去德國科學院院士的職務。

四月七日，納粹政府通過了《內政職務恢復法》。根據這一法令，非雅利安人將被清除出公務員（包括教師）的隊伍。剛開始還規定，任職十年者在被辭退時還可以得到一筆退休金；在第一次世界大戰時在前線作戰的人將不會被辭退……最初幾個月法令還得以執行，但不久這種「仁慈」也被徹底地拋棄了。猶太人連公民權都喪失了，他們只得任人宰割。於是，所有在各類學校和研究機構任職的教師、教授，都立即被清除出去。大量傑出的人才都逃離了德國。

▲ 華爾街騷動的人群

哈伯的命運是最悲慘的。他為德國做出的貢獻有目共睹。由於合成氨和毒氣，他被授以上尉軍銜，他還為此流下了激動的眼淚。因為愛因斯坦不合政府口味的言論，他還多次責備愛因斯坦，擔心愛因斯坦的言行會影響他和不少猶太人珍視的「同化」。但是，這位猶太人不僅沒有受到特殊關照，反而從物理化學研究院所長的位置上被撤了下來，這對他是致命的打擊。結果他於一九三四年一月四日痛苦地死於瑞士西部的巴塞爾。

在一九三三年四月一日「聯合抵制猶太人日」這一天，德國科學院宣讀了一項可恥的聲明，說柏林科學院「沒有機會為愛因斯坦的辭職而感遺憾」。這一天，納粹衝鋒隊進駐了各大學和學院，猶太教授和職員在受盡了侮辱和攻擊的情形下，被趕出了大學、研究機構。哈伯被趕出了威廉皇帝物理化學研究院以後，文化部立即任命一位叫揚德爾的人繼任哈伯的職位。威廉皇帝研究院各個研究機構聚集著世界最知名的科學家，可是大家從來沒有聽說過揚德爾這個人。後來才知道，這個人在學術上毫無建樹，還只是一個編制外講師；當然，他是一個「優秀」的納粹黨員。許多無名之輩靠著他們對納粹黨的忠誠，紛紛登上了德國著名大學的教授寶座；原來只能藏身於黑暗角落的人，現在都可以堂而皇之地在大學院校的講臺上大放厥詞了。

普朗克完全失望了，他說：「納粹像一陣狂風橫掃我們的國家。我們什麼也做不了，只能像風中的大樹那樣聽憑擺布。」

柏林如此，哥廷根也同樣如此。哥廷根只剩下希爾伯特孤獨一人，庫朗、蘭道、諾特、外爾、玻恩……都先後走了。在一次宴會上，納粹教育部長魯斯特問希爾伯特：「哥廷根的

▲ 大量的猶太人書籍被焚燒

數學現在如何？已經擺脫了猶太人的影響吧？」希爾伯特回答說：「哥廷根的數學？確實，這裡什麼都沒有了。」

政治的獨裁、暴虐，必然會對科學帶來滅頂之災。科學的中心，從納粹上臺之日起，就不再屬於德國。大批優秀科學家被迫逃離德國，其中有九位諾貝爾獎獲獎者，他們之中的大部分人在美國安頓下來。科學的中心，也由此轉到了美國。直到二十世紀結束，科學的中心仍然在美國。

（二）辭去院士，離開德國

雖然愛因斯坦在一九三〇年前後還沒有想到威瑪共和國會在一九三二—一九三三年就土崩瓦解，但他對德國邪惡勢力的抬頭及其將會對德國和世界帶來的危害，還是有相當清醒的認知，這比德國其他科學家要超前。在他於一九三二年秋天離開德國到美國加州理工學院去時，他已經預感到他不會再回到德國了，這時威瑪共和國已經解體，共和與民主已不復存在於德國，愛因斯坦預計納粹將迅速上臺。

當他和愛爾莎準備離開卡普斯的時候，他對愛爾莎說：「在離開別墅前，好好地多瞧它幾眼吧。」

「為什麼？」

「你以後再也不會看到它了。」愛因斯坦平靜的回答使愛爾莎十分奇怪。後來當她再沒有回到德國，才明白了這句話的意思。說不定愛爾莎真的後悔沒有多瞧幾眼。

愛因斯坦已經為自己未來的歸宿找到了一個理想的地方。一九三二年六月四日，在納粹實際奪權出現之前，美國著名教育家弗萊克斯納構想並組建了日後聞名於世的普林斯頓高等研究院。在一九三二年年初，弗萊克斯納就在帕薩迪納與愛因斯坦討論過，後者是否願意到普林斯頓高等研究院任職的問題；後來愛因斯坦接受弗萊克斯納的邀請，答應成為研究院第一屆教授會的成員，但他當時並沒打算離開歐洲，他仍然希望能夠回來。在歐洲他有太多的朋友：埃倫費斯特、勞倫茲、朗之萬、居禮夫人、索洛文、貝索、普朗克、勞厄……他怎麼能失去這種血肉般的關聯呢？這可是他的生活和他的生命中的一部分啊！但這個計畫到一九三二年夏季以後，就逐漸變得不現實了。

▲ 1931年3月，愛因斯坦和愛爾莎在帕薩迪納火車站，準備前往紐約

到一九三三年，當希特勒進一步整肅異己分子和迫害猶太人時，愛因斯坦正在帕薩迪納進行第三次為期兩個月的客座教授之旅。愛因斯坦立即拋掉任何幻想，開始了他的政治抗爭。在三月十日，他在帕薩迪納對《紐約世界電訊》的記者宣布：

> 我不回家了。……只要有可能，我就只願意生活在一個政治自由、寬容而且在法律面前人人平等的國家裡。言論自由和書面發表政治意見的自由也是政治自由的一部分。尊重個人信仰是寬容的一部分。這些條件，目前在德國還不成熟，在那裡，特別是那些以促進國際相互理解為事業的人正慘遭迫害，其中包括第一流的藝術家。

愛因斯坦的採訪談話在德國報紙上刊登後，引起了納粹的仇恨，這使得他的朋友們十分為難，大部分人都不敢再與他表示親密，更不能為他辯解。

三月十一日，愛因斯坦離開帕薩迪納。在紐約停留期間，他在公眾場合中嚴厲指責希特勒政府，還號召文明世界採取「人道的干預」，反對納粹主義。他還到普林斯頓去看了一下，並打算找一所房子，這時他可能已經有了定居普林斯頓的打算了。

三月二十日，即愛因斯坦離開紐約的那一天，報紙上說納粹查抄了愛因斯坦在卡普斯的別墅，這更促使他下決心與德國斷絕關係。在返回歐洲的旅途中，他在公海發表了下述聲明：

> 動用武裝部隊對我們在卡普斯的住宅進行搜查，這只不過是現在在德國發生隨心所欲暴力行

為的一個例子而已。這些行為是政府把人民的權力轉移給納粹國民軍凶狠、瘋狂暴徒的結果。在過去，客人的拜訪常常為我的夏季別墅增光。他們總是受到歡迎。人們沒有任何理由隨意闖入。

當愛因斯坦越來越嚴厲地譴責納粹政府時，普朗克感到大事不好，如果德國政府採取嚴厲措施對待愛因斯坦，普魯士科學院將處於十分尷尬的地位，所以他於三月十九日寫了一封信給愛因斯坦：「……在這個困擾和艱難的時期，正是謠言風起之時，到處都傳播著你的公開的和私下的政治聲明，我知道以後十分痛心。……你不該多談話，我並不是要斷定誰對誰錯，我只是清楚地看到你的談話使得那些尊重和敬慕你的人更加難以保護你了。」

三月二十八日，當愛因斯坦從帕薩迪納回到歐洲時，他正式向普魯士科學院提交了辭呈，接著他被普魯士科學院除名。而且，他雖然回到了歐洲，卻沒有回到德國，而且從此再沒有踏上德國的土地。在歐洲，他暫時住在比利時的避暑勝地勒科克。

三月二十九日，納粹政府的特派員向文化部下達命令，要對愛因斯坦反對第三帝國的言論進行全面調查，如果需要的話，可以給予紀律處分。普朗克再也沒有辦法進行調解，他只好抓住機會離開柏林，到西西里度假。如果留在柏林，他將無法不接受政府的決定。

幸好愛因斯坦在三月二十八日就主動向普魯士科學院遞交了辭呈。辭呈上寫道：「鑑於德國目前的狀況，我不得不放棄在普魯士科學院的職務。十九年來，科學院為我提供了無數機會，使我專心從事研究，而沒有任何特別的義務。我知道我欠下的恩情太多，我也非常不願意離開這個學術機構；同時，在我作為院士期間，與同事們建立了融洽和諧的關係。但是在目前的情況下，我對普魯士政府的行為無法容忍。」

三月三十一日，普朗克從度假地寫信給愛因斯坦：「對我來說，你（辭職）的做法是唯一可以保證你與科學院體面地斷絕關係的辦法，這可以使你的同事避免承受過多的悲痛。」

這是真心話，如果讓他的同事們提出開除愛因斯坦的建議，那是多麼令人痛心的事啊！實際上，愛因斯坦正是為了避免這種沉重局面的出現，才會搶在前面先提出辭職。勞厄不能忍受科學院無恥的聲明，他說這是他「一生中最可怕的經歷之一」，但科學院已經納粹化了，所以沒有人支持勞厄。

愛因斯坦對德國知識界的墮落非常憤怒，他曾於五月九日寫信給玻恩說：「我一直對德國沒有好印象，但我得承認，對於他們的暴行和殘忍我仍然感到非常吃

▲ 1932年愛因斯坦在荷蘭與朋友合奏

驚。」五月二十六日，關於如何看待剛上臺的德國納粹政權，在給勞厄的信中，他再一次表露了他那氣壯山河的心聲：

> 我不同意你的看法，認為科學家對政治問題——在較廣泛的意義上來說就是人類事務——應當默不作聲。……試問，要是像布魯諾、斯賓諾莎、伏爾泰和洪堡這些人也都是這樣想、這樣行事，我們的處境會怎樣呢？我對我所說過的每一個字都不感到後悔，而且相信我的行動是為人類服務。

一位有成就的科學家，有如此強烈的社會責任感，實在少見！

愛因斯坦認為，雖然許多德國人對他們的政府及其所犯下的罪行感到羞愧，但他並不認為可以同情和可憐這些人。五月十九日，他在寫給埃倫費斯特的信中激烈地指出：「德國人自己就在豢養毒蛇，當大難臨頭時不得不躲起來。不久，他們就會品嘗到這種不負責任所造成的惡果。」

▲ 1933年攝於加州理工學院

愛因斯坦的話使我們想起了馬丁・路德神父說的一段話：

> 「起初（納粹）他們追殺共產黨人，我不是共產黨人，我不說話；接著他們追殺猶太人，我不是猶太人，我不說話；接著他們追殺工會成員，我不是工會成員，我不說話；此後他們追殺天主教徒，我不是天主教徒，我不說話；最後他們朝我而來，再也沒有人站起來為我說話了。」

人間的許多悲劇，都是由這種不負責任的行為造成的。愛因斯坦看透了德國大多數知識份子這種不負責的行為及其所帶來的後果。

一九三三年三月底，愛因斯坦到達比利時的勒科克，他在這裡住了幾個月，度過了他在歐洲的最後一段時光。在這段時間裡，他還是不斷地與朋友們通信或發表對時事的看法。從這些信件和談話中，不難看出他對歐洲前途的擔心，還可以看出他比許多科學家乃至政治家都看得更準確。五月五日，他在給朗之萬的信中寫道：

> 親愛的朋友，自從我們在安特衛普相見以來，發生了一些影響深遠的事件，這些事件威脅到我們的文明，尤其是威脅到歐洲的安全。……在德國，一群武裝起來的暴徒成功地使有責任心的那部分民眾緘默不語，並把一種來自下面的革命強加於人，這種革命不久將成功地破壞或擾亂在社會中文明化的每一樣東西。除非今天依然在議會制之下的國家，最終決定採取有魄力的行動，否則今天威脅我們文化價值的事情，在幾年之內將會變成嚴重的軍事危險。

愛因斯坦和愛爾莎雖然住在避暑勝地，但由於這裡離德國太近，加之有些狂熱的衝鋒隊員和褐衫隊員揚言要越過邊界來刺殺愛因斯坦，所以比利時皇家政府十分重視對愛因斯坦的安全保護，特地派了兩名警衛人員日夜不離地保護他們。

夏天，佛蘭克從倫敦到奧斯坦德來找愛因斯坦，他得知愛因斯坦就住在這附近，但由於保密，他也不清楚他們到底住在哪裡。佛蘭克只好到勒科克來碰運氣。當地居民接到嚴厲的命令，不得告訴任何人有關愛因斯坦夫婦住所的消息。幸好佛蘭克不知道這個嚴厲的命令，所以當他向一位當地居民打聽愛因斯坦的住址時，沒有一絲顧忌，十分坦然。那位居民想必相信了佛蘭克的誠摯，也坦然地告訴他愛因斯坦的住址。當佛蘭克走到愛因斯坦住的別墅不遠處，他看見愛爾莎坐在走廊上，正和兩個年輕人談話。當佛蘭克走近別墅時，那兩個人看見了佛蘭克，他們突然如臨大敵一樣向佛蘭克衝過去，緊緊抓住他的手臂。愛爾莎嚇得跳起來，面如死灰。佛蘭克一時不知如何是好。幸虧她終於認出「刺客」是佛蘭克，這才放了他。

愛爾莎說：「我和警衛都以為你就是傳言中的刺客呢！」

不久，愛因斯坦從樓上下來，三個人高興極了。愛爾莎問佛蘭克是怎麼找到他們的住處的，佛蘭克告以實情，愛爾莎驚愕地說：「這可是嚴厲禁止的呀！」愛因斯坦聽了，不禁哈哈大笑。他大約很長時間沒這麼開心了，所以笑了好久才停止。

在與愛因斯坦敘舊時，愛因斯坦告訴佛蘭克一個好消息。他說：「我最近碰到一件很愉快的事情。你也許還記得我的朋友哈伯，那位著名的化學家。我最近收到他的一封信，信中他說他想申請到耶路撒冷的希伯來大學教書。」

可惜到一九三四年春，哈伯不幸病逝了。

一九三三年九月九日，在動身到美國普林斯頓之前，愛因斯坦又在英國逗留了一個月。在此期間，他還拜會了英國重要的政治家邱吉爾、奧斯丁・張伯倫和勞合・喬治。愛因斯坦在與他們交談時，極力使他們相信德國重新武裝所造成的威脅。邱吉爾與愛因斯坦的觀點一定相近，所以愛因斯坦在一封信中寫道：「他（邱吉爾）是一位有智慧的傑出人物。」奧斯丁・張伯倫在任外長期間（一九二四—一九二九）與法、德外長簽訂了使德國東進的《羅加諾公約》，但一九三三年以後積極支持邱吉爾的防務和外交政策。勞合・喬治也在第二次世界大戰前譴責英國政府的綏靖政策。因此愛因斯坦在信中還寫道：「情況在我看來十分清楚，這些人提前做好了他們的計畫，並決定立即行動起來。」

▲ 1933年10月3日，愛因斯坦（中）與張伯倫（左）、盧瑟福（右）在一起

在英國期間，愛因斯坦就政治形勢問題做過許多報告，都是希望公眾認清德國納粹的本質，號召公眾起來抵制戰爭。但是，戰爭仍然發生了。

十月十日，愛因斯坦在比利時的安特衛普登上了去美國的輪船，愛爾莎、祕書杜卡斯和助手邁耶已經在船上。他們持的都是旅遊簽證，因為他們還打算在第二年春天回到歐洲。當時他們都沒想到，第二年他們無法回來了。愛因斯坦從此再也沒有回過歐洲，只能夢歸故里。

永別了，英吉利海峽！

永別了，歐洲！

—第十七章—

普林斯頓和一個悲劇

Albert Einstein

一九三三年十二月十七日，愛因斯坦夫婦到達了紐約，市長在碼頭舉行了歡迎儀式。競選即將到來，市長需要猶太人的選票，因此不能怠慢這位世界最著名的猶太人。

歡迎儀式結束以後，普林斯頓高等研究院派到紐約接愛因斯坦的人，將客人一行帶到了幽雅、寧靜的世外桃源普林斯頓。幾天以後，愛爾莎在普林斯頓大學校園附近的圖書館街二號找到了棲身的公寓。一九三五年八月，他們買下了默瑟街一一二號的房子，愛因斯坦在這裡一直住到一九五五年去世。

愛因斯坦這次到美國後，除了為申請加入美國國籍，而於一九三五年五月到大西洋英屬百慕達旅遊以外，他在他生命的最後二十多年裡，再也沒有離開過美國。

普林斯頓在它成為世界著名科學聖地以前早就聞名於世，因為在這裡美國獨立戰爭取得關鍵性的勝利。後來使普林斯頓更加出名的原因是一九三〇年發生的事：在普林斯頓成立了普林斯頓高等研究院。

大約是一九三〇年，有兩位客人造訪美國教育家弗萊克斯納。這兩位客人受富商班伯格和他的姐姐福爾德夫人的委託，請弗萊克斯納在紐華克創建一所醫學院。班伯格先生是美國最大商業機構班伯格公司的老闆，他的資產總值曾達二千五百萬美元。一九二九年，他因年事已高，將公司股份賣給另一位富翁，並想用這筆錢的一部分建立一所醫學院。

弗萊克斯納聽取了普林斯頓大學數學教授維布倫的意見後，很快說服了班伯格兄妹二人，使他們放棄創建醫學院的想法，轉而創建一所一流的研究機構。在這個機構裡，沒有教師，沒有學生，也沒有教室和課程，只有不受外部世界變遷和壓力影響的研究教授。弗萊克斯納原本想讓經濟學成為這個研究機構的核心學科，但他很快聽取和採納了別人的意見，以數學作為其核心學科。

高薪聘來的教授必須是他們所在領域中最傑出的人，到了研究院以後，他們可免除一切教學和行政上的負擔，也不用為生活發愁，他們的薪金可以保證他們過著富裕的生活，他們的任務就是做更高水準的研究。而且，研究院的每一位教授可以「享有在他們自己領域繼續研究的機會，也同時享有最大的自由」。

研究院暫時沒有自己的辦公樓，普林斯頓大學的校長希本，暫時將大學的數學樓范氏樓借給弗萊克希納。

弗萊克希納接下來的重大任務，是在歐洲尋找最傑出的數學家和理論物理學家。德國納粹這時正在驅趕非雅利安學者，這為他提供了絕佳的機會。除了維布倫被第一個選上以外，弗萊克斯納還把目光投向了愛因斯坦和外爾。外爾是哥廷根最傑出的數學家之一，原來應該是希爾伯特的接班人。開始他不願意到美國來，但由於他的妻子是猶太人，所以他繼愛因斯坦之後，在一九三四年一月也趕緊離開了危險的德國，來到了普林斯頓。

一九三三年底，愛因斯坦來到了普林斯頓，過了一年多，他成了美國的永久居民和公民。接著外爾也來了。此前於一九三三年九月三十日，還來了一個維也納的邏輯神童哥德爾，當時哥德爾還只是來做短期講學，在這裡他第一次見到愛因斯坦。一九三五年九月和一九三八年十月，他兩次到普林斯頓，最後在二戰爆發後於一九四〇年三月到達普林斯頓，此後近四十年一直在普林斯頓，並在愛因斯坦晚年成為愛因斯坦最好的朋友，後面我們還會再次提到他。

▲ 愛因斯坦、愛爾莎和繼女瑪格特（中）

一九三九年，普林斯頓高等研究院的福爾德樓落成，愛因斯坦、外爾等人搬進了新樓房，有了他們自己的辦公室。新大樓是一座具有新哥德式風格的磚砌大樓，坐落在英式草坪的中央，樹木環繞，還有一個池塘，碧波蕩漾。福爾德大樓距范氏樓只有幾公里，很近，再加上研究院的教授已經在范氏樓工作了數年，和大學的教授們關係融洽，成了一家人。

正如一位傳記作家娜薩所描述的那樣：

……不同學派的學者在一起就像鄉里鄉親一樣和睦融洽。他們一起進行研究，一起編寫學刊，相互出席對方的講座和研討會，還一起享用午茶。高等研究院的聲譽使大學可以更方便地招募到最出色的學生和教師，大學裡那個相當活躍的數學系，也像磁石一樣吸引著在研究院訪問或永久工作的學者。

（一）統一場論——一個悲劇？

在一九三三—一九三九年的幾年內，愛因斯坦在普林斯頓得以安心、自由地從事科學思考。這期間他的科學思考主要集中在三個方面。

第一個方面是進一步加工分別於一九〇五年和一九一二—一九一六年創建的狹義相對論和廣義相對論，使它們進一步成為邏輯上更密切相關的一個整體結構。

第二個方面是對量子力學的批判。

第三個方面是十分引人注目的，這就是「統一場論」。我們在這方面稍稍用一點筆墨。

愛因斯坦一直堅持認為可以找到一個「統一場」，並可用這個「統一場」衍生出的理論，一口氣解決量子理論的種種問題。可惜他到一九五五年去世，仍然沒有看到任何完成這一目標的曙光。愛因斯坦的朋友派斯說：「到二十世紀二〇年代後期，愛因斯坦的天才已經過了他的高峰。他最後一個重要發現是在一九二五年，處理的是所謂玻色・愛因斯坦凝聚。在以後的三十年中，儘管他沒有停止過科學研究，其中一些工作也是好的，但是沒有一件工作可被稱作是偉大的。」

到美國普林斯頓研究院以後，愛因斯坦先後與霍夫曼、英費爾德、恩斯特·施特勞斯和巴格曼等人合作研究統一場論。研究的情形與在德國時一樣，有許多次他都認為他夢寐以求的目標已經達到，但過不了多久，早則幾天，遲則幾週，他就會發現他的新方案是虛妄的。愛因斯坦的合作者施特勞斯曾心酸地寫道：

我們有一次連續研究一個理論達九個月之久。有一天晚上，我發現了一類解，但第二天早上就發現這類解顯示，我們研究的理論不可能有物理意義。

在這一挫折面前，施特勞斯傷心得不得了，但愛因斯坦並不放在心上，「到第三天早上，愛因斯坦已經忘卻了我們的挫折，開始考慮另一個新理論了。」

後來，愛因斯坦有了一個強大的支持者和同盟軍——薛丁格。一九四四年，薛丁格發表了三篇關於統一場論的文章，他當時還興奮地說：「我發現了統一場方程式，它們僅僅建立在原始仿射幾何的基礎上，這種幾何方法由外爾開創，愛丁頓予以發展，其主要工作則是由愛因斯坦在一九二三年做出的，但他因毫釐之差而與目標失之交臂。這個結果有一種迷人的美，我一連兩個星期不夢到它就不能入睡。」

然而，在經過二十五年追求同一目標失敗之後，愛因斯坦卻不再那麼樂觀。「……我很懷疑這種做法。……有一件事是確定無疑的：上帝在創造它的時候，已註定我們對它的研究工作困難重重。當一個人年輕的時候，他還沒有充分意識到這一點——這對於他來說是幸運的。」

一九四六年一月二十二日，愛因斯坦向薛丁格寄去了兩篇沒有發表的論文，並在信中說：

「我沒有把它們寄給其他任何人，因為在科學基本問題上，你是我所知道唯一不戴眼罩的人。我的嘗試基於一個初看起來顯得陳舊和無益的想法……當我講給包立聽時，他向我伸出了舌頭。」

薛丁格在二月十九日回了一封長信給愛因斯坦。他說愛因斯坦的工作給他留下了深刻的印象，他深入研究了三天。愛因斯坦對於薛丁格能在如此短的時間裡，徹底進入「我的新癖好」感到吃驚。接下來他們之間的信件往返穿梭於大西洋。愛因斯坦正在尋找一種普遍方法，這種方法或許能夠揭示粒子在時空結構中的起源。薛丁格對他說：「用諺語說，你在尋找大獵物。你在獵獅，而我只不過在抓野兔。」

▲ 愛因斯坦在他的書房裡

新想法雖然不斷地出現，但直到一九五五年他去世，這眾多的新想法中沒有一個為他帶來成功的喜悅，他得到的是一次接一次的失敗。與此同時，親密的朋友也一個接一個地離去。玻恩曾惋惜地說：

我們當中許多人都認為，這是一齣悲劇——對於他來說，他在孤獨中探索自己的道路；而對於我們來說，我們失去了我們的領袖和旗幟。

一九五五年四月十七日，也就是他去世的前一天，他還請求別人將他的統一場論計算資料的最後一頁拿給他，似乎他還想做最後的計算。

有人曾懷著不理解的心情問愛因斯坦：這一次又一次的失敗有價值嗎？所有這些努力是否還有什麼人們不知道的目的？愛因斯坦的回答是非常感人的。他回答說：「至少我知道九十九條路不通。」他還說：「我明白，成功的機會很小，但努力還是必須的，……那是我的責任。」

十分重要的是，愛因斯坦在深思熟慮後，並不認為自己像許多物理學家所認為的那樣，被禁錮在虛假的偏見裡。一九五二年他在一本小冊子的結尾處表明了自己的這一信念。他寫道：

目前這一代物理學家對這個問題傾向於作否定的回答。……我認為，我們現有的實際知識還不能否定如此深遠的理論；在相對論性場論的道路上，我們不應半途而廢。

（二）社會活動家

除了科學研究的思考以外，在世界和平、民主遭到嚴重威脅的情形下，他不能躲在普林斯頓的象牙塔中對此視而不見、無動於衷。他要大聲呼籲，提醒世界各國的政府和人民，要高度警惕納粹正在重新武裝它的軍隊，戰爭又一次威脅著全世界愛好和平的人民。

由於愛因斯坦這方面的強烈責任感，他和弗萊克斯納發生了嚴重的衝突。這一衝突幾乎在他一到普林斯頓就爆發了。

弗萊克斯納認為科學家應該在這座象牙塔裡一心思考科學問題，而不讓外界來打擾。因此，當愛因斯坦一到普林斯頓，弗萊克斯納就特別叮囑他：「您在美國的安全，取決於您的沉默和不在公眾場合露面。」弗萊克斯納還認為他有責任讓愛因斯坦與外界隔絕，因此，他私自替愛因斯坦拒絕了各種邀請，其中包括白宮羅斯福總統的邀請。

▲ 1935年愛因斯坦的漫畫像

這一下可惹惱了愛因斯坦。他的確需要寧靜的生活，但他不允許自己完全與世隔絕。他認為自己對社會還有其他不可推卸的責任。當他到美國不久，他的一個朋友懷斯寫信給他，說羅斯福總統邀請他到白宮。但是愛因斯坦沒有見過這封信，原來是弗萊克斯納私自打開了信，在沒有與愛因斯坦商量的情形下就通知總統，說愛因斯坦到普林斯頓是為了從事科學研究，因此絕不能使他引起公眾的注意。

愛因斯坦知道這件事以後非常氣憤，立即在一九三三年十一月二十一日寫信給總統，說他非常願意拜見總統閣下，並同時寫信給懷斯，發洩了自己的不滿，信的落款是「普林斯頓集中營」。這還不能讓愛因斯坦平靜下來，他又寫了一封信給研究院的董事會，信中寫到了弗萊克斯納的不明智和武斷、粗暴的行為，他要求董事會保證他的尊嚴和自由不受任何侵犯。如果保證不了這一點，他將考慮與研究院斷絕關係。

弗萊克斯納這才知道愛因斯坦因為受到侵犯而生氣時的厲害。從此他再也不敢、也不想惹愛因斯坦了。一九三四年一月二十四日晚上，愛因斯坦夫婦在白宮與總統共進晚餐，晚上還在富蘭克林的房間裡就寢。

自從納粹上臺，戰爭的陰影又一次威脅著歐洲，雖然很多人並沒有及時發覺或警惕這一點，但愛因斯坦卻在一九三五年前後，改變了他的反戰立場和關於國際安全問題的思想。以前他鼓吹「二%的人拒服兵役」的談話，曾在美國年輕人中轟動一時，現在他不再提倡反對戰爭，不再鼓吹拒服兵役，而反過來呼籲歐洲各國應該重新武裝。這種改變似乎有點讓人不明所以，而那些「和平主義者」更對他提出了強烈的批評。

對於這些批評，愛因斯坦做了仔細的闡述。他認為：由於德國、義大利等一些國家實行了恐怖的獨裁統治，公民沒有民主的權利，而且被媒體虛假的報導引上了歧途，在這種獨裁政府統治的情況下，拒服兵役就會被處死；而對於民主國家來說，拒服兵役就會削弱「文明世界健康的部分，抵制侵略的能力」。愛因斯坦的結論是：

因此在今天，有識之士不應該支持拒絕服兵役的政策，至少在特別處於危險之中的歐洲不應該這樣。在當前的環境下，我不認為消極抵制是建設性的政策，即使它是以英勇的方式進行的。不同的時期需要不同的方法，儘管最終的目標是一致的。

一九三六年十月十五日，在慶祝美國高等教育三百周年紀念日時，愛因斯坦接受了紐約州立大學授予他的榮譽學位，並做了談話，其中有一段話很有價值：

我認為，對於學校來說，最壞的事是主要靠恐嚇、暴力和人為的權威這些辦法來推展工作。這種做法摧殘學生健康的感情、誠實和自信；它製造出來的是順從的人。這樣的學校在德國和俄國成為慣例，那是沒有什麼奇怪的。我知道在美國這個國家裡，學校中不存在這種最壞的禍害，在瑞士以及差不多在一切民主管理的國家裡也是如此。要使學校不受到這種一切禍害中最壞的禍害侵擾，那是比較容易的：教師使用的強制手段要盡可能少，學生對教師產生尊敬的唯二源泉在於教師的德和才。

當戰爭終於在歐洲爆發時，一九三九年，愛因斯坦為近十年前寫的〈我的世界觀〉一文補寫了幾句話：

在這十年間，我對人類文明社會的信心，甚至它的生存能力的信心已大大減少了。人們看到，不僅人類文化遺產受到威脅，而且人們想要不惜代價留心保護的一切東西，其價值也被貶得太低了。

接著他指向了德國：

在歐洲，直到萊茵河以東，智力的自由運用實際上已不復存在，居民受到攫取權力的匪徒的恐怖統治，青年受到有組織的諾言的毒害。政治冒險家的虛假成功愚弄了世界其餘地區；到處都顯而易見，這一代人缺乏氣魄和力量，而正是氣魄和力量使前幾代人透過艱苦的奮鬥和巨大的犧牲，贏得政治自由和個人自由。

人們也許可以看出，愛因斯坦到了美國的普林斯頓以後，由於世界局勢極其險惡，他把相當大的一部分時間和精力投入社會活動之中，呼籲各國政府和人民要高度警惕納粹勢力，犀利地指出如果各國不採取正確的態度、積極的行動，必然會使全世界陷入可怕的災難之中，但他的呼籲並沒有引起人們的高度重視。

在美國，愛因斯坦的形象恐怕更讓人感受到他是一個社會活動家。一九三八年四月，美國《時代》週刊第一次將愛因斯坦作為封面人物，並且對他做了簡單的介紹，其中一段話寫道：

今天的阿爾伯特・愛因斯坦，已經不是一九三〇年來美國訪問時，那個膽怯得手足無措的人了。他對時常受到公眾款待已經相當鎮靜，不再像從前那樣害怕了。他已經學會沒有必要和他不喜歡也不信任的任何人交往。他的電話號碼沒有被列在電話簿上，電話公司也不告訴別人。他過著他所喜歡的那種生活，而且美國也很適合他。

▲ 駕駛帆船是愛因斯坦喜愛的運動

的確，美國很合適他，他最終也意識到自己不可能再找到比普林斯頓高等研究院更好的工作地點，就決定餘生留在普林斯頓。為此，他認為最好能成為美國公民。因為他是持旅遊簽證到美國的，按規定，如果他想成為美國公民，他必須在國外領事那裡才能申請到移民簽證。於是，一九三五年五月，他和妻子愛爾莎、繼女瑪戈特、祕書杜卡斯一行，到英屬百慕達做了一次短暫而愉快的旅行。

五年之後的十月一日，愛因斯坦、瑪戈特和杜卡斯，在福爾曼法官的主持之下，宣誓成為美國公民，但仍然保留瑞士國籍。

一九三六年八月份，愛因斯坦在普林斯頓買了一棟房子，它位於默瑟街一一二號。這年的整個夏天，愛爾莎都忙於裝修和改建新房。

裝修和改建終於完成，他們開始搬家。正在搬家的時候，愛爾莎突然感到眼睛腫脹起來。她感到病很嚴重，但她不能停止下來，她得繼續把家搬完，還得把從柏林拯救出來，那些拆散了的傢俱還原，這事非她監督不。她最大的心願是把生活中散落的碎片再收集到一個溫馨的家裡來。

一切安頓好以後，愛爾莎才開始關心自己的病。從紐約請來的醫生告訴她，眼睛腫脹只是嚴重的腎和心臟病的徵兆。她拒絕到紐約去

▲ 1940年10月1日，愛因斯坦、瑪格特、杜卡斯宣誓加入美國國籍

住院治療，她不願意與丈夫分離，也不願意離開這個剛剛恢復得完美的家。這間可愛的住所顯示出了它那巨大的魅力。讓她感到遺憾的是，疾病像陰影般籠罩著她，還有，那些陸續從德國逃出來的親友到了美國，而她卻無法幫助他們；她不能為親人們分擔一點責任，讓她尤其不能忍受。愛因斯坦深知留在德國和歐洲的親人將面臨的是多麼可怕的局面，因此一到美國，他就和妻子共同設法安排親屬到美國來。先是瑪戈特夫婦來到美國，後來他又讓漢斯夫婦和孫子於一九三七年來到美國。一九三九年，妹妹瑪雅從義大利來到美國，與愛因斯坦住在一起。瑪雅的丈夫因為健康原因，只能與貝索夫婦一起留在瑞士的日內瓦。

愛爾莎預感自己在這個家裡待不了許久了。當她看見愛因斯坦為了她的病而失魂落魄時，她感到由衷的欣慰。她在給她的朋友瓦朗坦的一封信中寫道：「他被我的病弄得心煩意亂、失魂落魄。我從沒有想到他是那麼深地愛著我，這使我很感到安慰。」

一九三六年十二月二十日，愛爾莎在普林斯頓默瑟街一一二號裡安然去世。這年她六十歲，愛因斯坦五十七歲。可憐的愛爾莎只在新居住了三個多月的時間，但她總算把原來破碎的家安置妥當，她心愛的愛因斯坦終於又可以在新家裡思考「對世界很重要的」一些問題。

還有一件讓愛因斯坦十分悲痛的事──他最好的朋友格羅斯曼在一九三六年九月七日病逝於蘇黎世，年僅五十八歲。這真是歲月滄桑，世事莫測啊！愛因斯坦在悲痛之餘寫了一封信給格羅斯曼的夫人，他寫道：

昨天在一堆沒有拆開的信中發現了一個鑲黑邊的信封，拆開一看，才知道我親愛的老朋友格羅斯曼已經去世了。可怕的命運追逐著如此大有作為的年輕人。

在回憶了格羅斯曼對他的「拯救」，和兩人為廣義相對論進行的合作以後，愛因斯坦沉重地寫道：

我常常懷著巨大的痛苦想念他，但是只有我到蘇黎世訪問時，我們才能偶爾見面。雖然我從柏林的一個朋友那裡知道了這種病，但他的病會拖得這麼久，卻是我不能想像的。然而，他並沒死去，一直到我也成為一個老年人了——內心上是孤獨的——已經度過了全部命運歷程，也許還可以平靜地再活幾年。但有一件事是美好的：我們整個一生始終是朋友。我依然尊敬您所做的一切，因為這都是您為他而做的。

—第十八章—

愛因斯坦與原子彈

Albert Einstein

（一）原子核分裂了！

哈恩和邁特納合作研究超鈾元素已經有好多年了。這種合作由於奧地利被德國吞併而中止，因為邁特納是猶太人，以前她還可以作為「僑民」繼續待在德國，與哈恩繼續研究超鈾元素，而現在她必須逃離德國，否則後果難料。

邁特納於一九三八年七月逃離了柏林。哈恩和斯特拉斯曼繼續用中子轟擊鈾元素，以確定轟擊之後是不是真的會得到費米所說的「超鈾元素」。哈恩是化學家，在化學分析方面可說是歐洲最優秀的。一九三八年十二月中旬，哈恩他們透過無可挑剔的分析，得出了一個令他們大吃一驚的結果：用中子轟擊鈾元素時，得到了鋇！鋇是五十六號元素，在鈾後面四十六位！斯特拉斯曼在兩年多前曾向邁特納說過這個實驗結果，但被她堅決地「扔到廢紙簍裡」去了。如今實驗又一次證實真的出現了鋇，這對斯特拉斯曼來說，恐怕又驚訝又後悔，心態一定會十分複雜的。哈恩相信自己的分析沒錯，但是以前邁特納再三告誡這是不可能的，因此哈恩十分猶豫。物理學家一直堅持認為，在中子轟擊鈾元素

▲ 哈恩與邁特納

時，由於中子的能量很小，不可能將鈾元素打得分成兩大塊，最多只能從鈾元素身上打下一點點「粉末」，如α粒子和β粒子等。

哈恩把他們觀測的結果告訴了邁特納。邁特納知道後立即與她的姨侄奧托・弗里希共同思考這個奇怪的結果。

最終，拼盤終於拼攏了！一切都天衣無縫地相吻合。於是，在這白雪覆蓋的瑞典小村，潘朵拉的盒子也被打開。但日後，當原子彈在日本上空爆炸，邁特納與哈恩都對自己的發現後悔萬分。

邁特納的姨侄奧托・弗里希一九三九年一月一日，邁特納寫了一封賀年信給哈恩。信中她寫道：「從能量角度上看，這樣的重核也許是有可能分裂的。」

弗里希加了一句：「如果您的新發現的確是真的，它將肯定引起人們極大的興趣。我很想知道進一步的結果。」

同一天稍晚的時候，邁特納返回斯德哥爾摩，弗里希則回到了哥本哈根。

五天以後，也就是一九三九年一月六日，哈恩的劃時代文章在《自然科學》二十七卷一期上刊登了出來。作者署名是哈恩和斯特拉斯曼，沒有邁特納的名字——也許哈恩不敢署上猶太科學家的名字？

這一研究結果被波耳帶到美國。美國的物理學家立即展開了迅速的研究，接著，德國和英國的核子物理學家們都以最快的速度研究核的分裂，並迅速取得新的發現。利用核分裂製造核炸彈的想法，也幾乎同時出現了。

歐本海默當時的一個學生莫里森後來說：「大約是核分裂被發現之後一週吧，在歐本海默辦公室中的黑板上出現了一幅草圖，那是一幅畫得十分差勁而令人討厭的炸彈草圖。」

據烏倫貝克回憶，由於他和費米那時共用一間辦公室，所以有一天他能聽到費米在窗邊遙望室外曼哈頓的灰色樓群時自言自語地說：「只要有一顆像這樣的小炸彈，所有的這一切都會立即消失得無影無蹤。」

「這樣小的炸彈」有多大呢？費米「握住他自己的手，像拿著一個球一樣」。

就這樣，核子物理的研究步入了地獄之門。關於這扇門是如何打開的，還有許多精彩的故事。

寫到這裡，我們不能不談愛因斯坦的一位朋友——猶太人物理學家西拉德。雖然他沒有獲得過諾貝爾獎，但他對於科學家從實驗室觀測核分裂轉向實際製造原子彈發揮了很重要的作用，我們必須提到他。如果不是因為他的興趣太廣泛，不斷從一種很有創見的想法轉向另一種，我們完全有理由相信這位從匈牙利移民到美國的物理學家，也會像那幾位從匈牙利移民出來的朋友赫維賽、維格納一樣，獲得諾貝爾獎的。

▲ 美國物理學家西拉德

我們完全可以說，是西拉德最先想到原子核連續反應的。核的連續反應是指，當中子轟擊鈾核時，鈾核發生分裂，同時釋放出大量的能量；與此同時，分裂還會同時放射出更多的中子，這些中子又會引起新的分裂……於是核的分裂反應就會像骨牌一樣，連續不斷地分裂下去，直到核全部分裂完畢為止。這種自動的反應過程，被稱為「連續反應」。一九三九年一月底，費米和歐本海默已經模糊地猜想到連續反應和由此而來的原子彈了。但西拉德在一九三三年九月十二日就預計到這種連續反應了！真是不可思議。我們還可以說，最先在科學意義上（而不是科幻上）使用「原子彈」一詞的，恐怕非西拉德莫屬了。

現在，西拉德又立即想到，德國的科學家雖然外流了不少，但其實力仍然不可低估，如果他們一鼓作氣先製造出了原子彈，那惡魔希特勒不僅會奴役歐洲，連遠隔重洋的美洲恐怕也不能倖免。想到希特勒會奴役全球，西拉德聯想到歐洲悲慘的現狀，他覺得自己必須義不容辭地行動起來，讓民主陣營的科學家們千萬不要讓德國人知道研製原子彈的任何可能性和祕密。他立即想到了費米和約里奧・居禮，他們也許已經想到了原子彈。

西拉德於一九三九年二月二日寫信給約里奧・居禮：「親愛的約里奧教授，……如果鈾分裂時釋放出一個以上的中子，將可能出現一種連續反應。在一定的情況下，這可能使人製造一種炸彈。一般來說，這種炸彈是極其危險的，特別是當它被掌握在某些政權手裡時，就更加危險。當然，要想禁止物理學家之間討論這些事情是不可能的，而且實際上我們已經非常廣泛地討論了這一問題。然而迄今為止，每一個討論此事的人都十分慎重，沒有把這些想法披露給報界。這幾天，美國的物理學家們討論了我們是否應該採取行動，防止這方面的任何消息發表在國家的科學期刊上，並要求英、法的同事們考慮採取相似的行動。」

這時希特勒已經對法國虎視眈眈，但是約里奧居然在西拉德幾次請求保密的情形下，不但不聽西拉德的警告，反而把他的至關重要的研究成果於四月二十二日公開發表，這無異於將它們無條件地奉送給德國科學家。四月二十二日，約里奧的文章一發表，立即引起了德國科學家的高度關注，並使德國迅速做出兩項決議，以加強核的研究。

▲ 法國著名物理學家約里奧・居禮，他是居禮夫人的女婿

隨著希特勒咄咄逼人的、狂妄的吞併、擴張，人們（尤其是那群流亡到美國的科學家們）知道，戰爭逼近了，於是西拉德的思想才逐漸為人們理解、接受。而且，涉及核分裂研究的文章一律經過審查，無關緊要的文章可以發表，其餘的則一律不得刊登出來。美國參戰前，這一審查還沒有政府參與，全由物理學家自我審查，使重要的科學資訊都保留在自己的圈子裡；美國參戰後，保密制度就成了由情報部門參與的強制性制度。

（二）愛因斯坦出場

西拉德從他的奔忙中逐漸明白：他一個人不能挽救這個世界，他需要人理解和幫助。正好這時特勒來到哥倫比亞大學教物理，而維格納也在不遠處的普林斯頓工作，他們和西拉德一樣，都是來自於匈牙利的猶太人物理學家。西拉德找到他們，談他最擔心的事情：德國科學家已經開始了鈾研究，德國政府正在關注鈾資源……這一切引起了三位從匈牙利流亡到美國的一流物理學家深深憂慮。他們認為原來的研究必須繼續下去，而且應該立即尋求美國政府的支持，靠私人企業的捐贈已經難以為繼。維格納特別強調，這項研究必須通知美國政府，而且要想辦法讓比利時不要把他們在剛果開採的鈾賣給德國。

可是他們無法接近政府相關部門。苦思之餘，西拉德想起了自己的老朋友愛因斯坦，愛因斯坦與比利時的伊莉莎白王后關係不錯，一直保持書信來往。而西拉德與愛因斯坦的關係也非同一般，在一九二七年到一九三〇年之間，他們曾合作研製家庭用的電冰箱，他們兩人還為此申請了五種專利。有趣的是，其中一個專利是液體金屬泵，後來居然在核反應爐的建造中起了重要的作用。

一九三九年七月十六日，維格納和西拉德見到了住在長島的愛因斯坦，愛因斯坦正在那裡休養。西拉德向愛因斯坦講述了有關鈾分裂第二代中子的實驗，以及鈾在石墨中可能產生連續反應的種種計算、推斷。愛因斯坦聽了十分驚訝，用德語說：「我從來沒有想過這一點！」

雖然愛因斯坦在一九〇五年發現了質能守恆這一驚人的公式，但他從來就沒認為這種蘊藏在物質中的巨大能量能夠釋放出來。到了普林斯頓以後，他幾乎是住進了象牙塔，只對他的統一場論感興趣，因此他離開了物理學的主流，也不知道西拉德說的內容，但他非常樂意做他們希望他做的事。西拉德回憶說：

他對核分裂的後果十分敏感，而且願意做必須做的事。愛因斯坦願意發出警報，並對此負責，即使是最後被證明是假警報也沒關係。科學家最忌諱的就是讓自己落下笑柄，愛因斯坦卻不太在乎。這說明他的地位是無人可以相比的。

愛因斯坦認為寫信給伊莉莎白王后不妥，直接給比利時大使館寫信更為得體。於是他口述了一封信，維格納筆錄下來，同時西拉德起草了一封說明的信。

七月十九日，西拉德又寫了一封信給愛因斯坦，說他與一位經濟學家薩克斯博士談過，薩克斯與羅斯福總統有交往。薩克斯很重視關於鈾連續反應的實驗結果，建議西拉德、愛因斯坦寫一份書面材料，他可以保證交給羅斯福

▲ 美國的著名物理學家特勒

總統。西拉德在信中寫道：「雖然我只見到薩克斯博士一次，與他確實談不上深交，不過我認為他的建議是可行的……」

維格納這時到加州度假去了，西拉德只好去找特勒。特勒性格豪放、為人熱情，一聽西拉德的講述，立即大加讚賞，說由薩克斯幫助是再好不過的了。西拉德於是根據那天在愛因斯坦那裡寫的草稿，寫了一封致美國總統的信。七月三十日，特勒開車把西拉德帶到普林斯頓的家中。特勒開玩笑地說：「我作為西拉德的司機將會被載入史冊！」特勒確實被永載史冊，不過那是因為他後來成為「美國氫彈之父」。

八月二日，愛因斯坦簽署了一封給羅斯福總統的信。信中一開始就寫道：

當我通過未發表的文件看到費米和西拉德最近的工作報告後，我相信鈾在不久的將來可能會成為一種新的重要能源。這一新情況的某些方面值得政府加以注意，甚至在必要時迅速採取行動。……現在有可能在大量的鈾當中實現連續反應，它會產生巨大的能量以及大量放射性元素。……這一新的發現，也可以用以製造威力極強的新型炸彈。

信上還特別提到，德國已經採取了某些「先發制人的行動」，美國政府切不可對此無動於衷。

由於西拉德、維格納和特勒三人都來自匈牙利，因此美國物理學家圖夫戲稱他們三人為「匈牙利密謀集團」。遺憾的是，他們是科學家，完全不懂國家官僚機構如何運轉。他們焦急地天天盼，巴不得幾天內就會有下文，但過了兩個月，也一直沒有消息。

從匈牙利來到美國的著名物理學家維格納一九三九年九月一日，德軍進入波蘭；九月三日，英、法向德國宣戰，第二次世界大戰爆發。

一九三九年十月十一日，這天是星期三，薩克斯終於有機會在那天下午稍晚一點的時候進了總統的橢圓形辦公室。

總統親切地向薩克斯打了招呼，問：「你有什麼事嗎？」

薩克斯是何等聰明的人，他知道如何讓羅斯福總統迅速注意到他帶來的建議和西拉德的備忘錄。他先講了美國發明家富爾敦的故事。富爾敦建議拿破崙建造一支用機械發動的艦隊，這樣就可以在任何氣候條件下攻擊英國艦隊……但拿破崙卻根本不相信沒有帆的船。他粗野地說：「呸！滾遠一點吧，你們這些夢幻者！」

羅斯福總統笑了，倒了兩杯酒，一人一杯。他準備認真聽薩克斯的話了。薩克斯知道如何讓總統在萬

▲ 羅斯福總統與愛因斯坦

忙之中關注鈾研究的事情，所以他寫了一個綱要，他讀了這個綱要，而沒有直接讀愛因斯坦的信和西拉德的備忘錄。最後薩克斯說：

「我個人相信這種原子能無疑存在於我們周圍各處，終有一天人類會釋放並控制它幾乎無限的力量。我們無法阻止別人這樣做，而只能希望他不把它用來炸毀他的鄰居。」

「唔，」羅斯福明白了：「你是說不讓納粹把我們炸掉，是嗎？」

「完全正確。」薩克斯高興極了，他的建議終於讓總統注意到了，而且總統深知其意義非同小可。

羅斯福把助手沃森將軍叫進來，說：「這件事需要採取行動。」十月十九日，他還回了一封信給愛因斯坦，信中寫道：

我親愛的教授：我很感謝您近來的來信和信中所談到極為有趣而重要的事。我發現這種資料是如此的重要，我已經設立了一個委員會，包括代表陸軍和海軍度量衡局的局長，來徹底研究您關於鈾的建議的可能性。

沃森當然照辦。辦了什麼呢？除了成立一個鈾顧問委員會，並於十月二十一日在華盛頓召開了一次會議以外，其他什麼也沒有辦。

西拉德深感失望，愛因斯坦也感到遺憾，他們原以為他們的信和備忘錄會有作用的。

一九四〇年三月七日，愛因斯坦再次寫信給羅斯福總統，提醒美國應高度警惕，從大戰爆發以來，德國對鈾的興趣越來越大，美國政府應加速進行鈾的研究。信中寫道：

> 去年，當我意識到對鈾的研究可能得出對國家有重要性的結果時，我曾認為我有責任把這種可能性通知行政當局。戰爭爆發以後，對鈾的興趣已經在德國被強化了。我現在聽到，那裡的研究正在高度保密地進行，而且已經擴展到了另外一個威廉皇帝研究院，即物理研究院。

三月十五日，薩克斯將信轉給總統。四月五日，羅斯福決定擴大、改組鈾顧問委員會，並邀請愛因斯坦參加這一委員會，但愛因斯坦拒絕了這一邀請。

後來，美國本土的科技界人士也終於覺察到了危險，他們知道該是行動的時候了。美國東海岸的一些大學校長們知道，戰爭時期制訂科研和防務政策的主要任務都落在他們的肩

▲ 愛因斯坦與西拉德於1939年8月2日寫信給當時的美國總統羅斯福，這張照片是1946年夏天在這個具有歷史意義的地方重新拍攝

上，而他們也應該義不容辭地為戰爭做些事情。於是，這群校長推舉華盛頓時任卡內基科學研究院所長范內瓦・布希出面，與羅斯福總統商談國防科學研究問題，特別是鈾研究問題。

布希是一位電子專家，精通應用數學，曾是麻省理工學院的副院長。到卡內基大學以後，他十分關注該院的核研究，曾經撥款二萬美元，使該研究得出了重要的發現。布希與西拉德他們不同，他畢竟擔任過多年的行政職務，知道如何與政府、企業部門交往，也知道如何與羅斯福總統打交道。他曾經說：「我知道，在華盛頓那個鬼地方，除非你在總統的羽翼之下，否則，你什麼事都做不了。」

布希首先要說服的是哈里・霍普金斯。戰爭臨近時，霍普金斯成了羅斯福總統最親密的顧問和助手。只要霍普金斯同意了布希的意見，羅斯福總統才能考慮。幸運的是，布希與霍普金斯一見如故，有很多共同的語言，所以進展十分順利。一九四〇年六月十二日，霍普金斯帶布希會見總統。對會見的簡短過程，布希曾經寫道：

哈里和我去白宮見總統，這是我第一次與富蘭克林・羅斯福見面……我在一張紙中間僅以四小段寫出國防研究委員會的計畫。整個接見不到十分鐘（哈里肯定先我到總統那裡）。我帶了批准的文件出來。於是，所有的輪子都開始運轉起來了。

隨著羅斯福總統的批准，以及布希被任命為國家防務研究委員會這一新機構的主席，美國科學家、政治家和軍人之間的關係便開始了一場革命。

一九四一年十二月六日，祕密的「曼哈頓計畫」正式啟動。次日清晨，日本襲擊美國珍珠港的太平洋艦隊。三天以後，德國對美國宣戰。

關於愛因斯坦寫信給羅斯福總統對美國製造原子彈到底產生了多大的作用，有許多不同的看法。派斯認為：

關於愛因斯坦和羅斯福的通信，人們已經寫得很多，有人曾斷言這就是曼哈頓計畫的最初推動過程，這種說法是沒有根據的。羅斯福在一九三九年十月任命一個委員會，並沒有導致一次真的政府行動計畫。事實上是直到一九四一年十月間，他才決定全面發展原子武器。直到那時，陸軍部長亨利·史汀生才第一次聽到這一計畫！以上的敘述代表了愛因斯坦在戰時介入原子彈問題的總結和實質，他是被排除於原子彈的戰時發展之外的。

隨著原子彈製造出來，以及美國在日本丟下兩個原子彈以後，愛因斯坦又積極投入反對使用原子彈的活動中。

第十九章

不懈的鬥士

Albert Einstein

一九四七年以後，由於冷戰的加劇，美國眾議院的非美活動委員會、司法委員會、國內安全調查委員會等機構勢力大大增強。這些委員會對成百上千的美國知識份子進行審查、甄別。如果有人膽敢拒絕回答則會被定為「蔑視國會罪」而被判處監禁。這是美國歷史上最黑暗的時期之一，許多知識份子迫於壓力，作偽證、昧心地承認一些莫須有的罪名。這時，愛因斯坦又一次冒著風險，猛力抨擊美國政府的卑鄙伎倆。

愛因斯坦在電臺發表演講一九四七年夏天，愛因斯坦嚴厲地批評了美國。他寫道：

我必須坦白承認，戰爭結束以後的美國外交政策，有時令我不可抗拒地想起威廉二世皇帝制下的德國態度，……軍國思想的特徵就在於，非人的因素（原子彈、戰略基地、各式武器貯備，等等）被看成本質重要的；而人，他的欲望和思想，即那些心理因素，則都被看成不重要的和輔助性的。……個人被降低成只是一個工具，他變成了「人力資源」。按這種觀點，個人願望的正常目的消失了。

一九五〇年二月九日，美國共和黨參議員麥卡錫在西維吉尼亞州惠靈市的一家婦女俱樂部紀念林肯誕辰的活動上，做了一次演講。在演講中，他當眾展示了一份據稱列有二百多名共產黨人名字的名單，並聲稱：美國國務卿早就知道有這樣一份名單，可是名單上的人至今仍在國務院內左右美國的外交政策。此話猶如晴天霹靂，令美國上下一片譁然。麥卡錫則一鳴驚人，一夜之間，從一位名不見經傳的新參議員，一躍成為聲震全國的政治明星，並在隨後的四年裡主演了一齣荒誕的美國政治鬧劇。

從惠靈演講開始，麥卡錫在參議院掀起了一波又一波揭露和清查美國政府中的共產黨活動的浪潮。他先是公開指責民主黨政府在鎮壓國內共產黨活動方面表現軟弱，致使共產黨人鑽進國務院等核心部門，使美國在外交上蒙受重大損失：不僅原子彈機密被外泄給蘇聯人，而且還「失掉了中國」。一九五三年，共和黨成為參議院的多數黨後，麥卡錫通過參議院調查小組委員會，開展了一場範圍廣泛的清查共產黨運動，美國國務院、國防部、重要的國防工廠、美國之音、美國政府印刷局等要害部門都未能逃脫麥卡錫的清查。僅一九五三年一年，麥卡錫的委員會就舉行了大小六百多次調查活動，還舉行了十七次電視實況轉播的公開聽證會，麥卡錫及其調查委員會的人員打著維護國家安全的旗號，無視正常法律程序，對他們懷疑的一切人——包括聯邦政府高級官員、外交官、大學教授、工會領袖、作家、報紙編輯等在內——任意進行調查。麥卡錫雖然並沒有真憑實據，卻隨心所欲地提出指控，對被調查者進行公開的人身攻擊。與此同時，他的調

▲ 愛因斯坦在電臺發表談話

查活動，如同滾雪球，越來越大，涉及的人越來越多，而麥卡錫的聲望和權力似乎也越來越大。聯邦政府中人心惶惶、草木皆兵，即便是資深參議員，也不敢得罪麥卡錫。

麥卡錫主義在美國社會造成的最大影響是在思想領域。它借反共的名義，幾乎扼殺了美國思想界的自由討論，製造了一場現代恐怖政治。所有被麥卡錫定為嫌疑分子的人的著作被禁止流通，他們的演講也被取消。大學教授在講課時倍加小心，生怕表示過於激進的觀點而被人打「小報告」。還有一百多名教授在麥卡錫時代因觀點問題被開除。

麥卡錫主義的橫行霸道早就引起了愛因斯坦的注意。當「黑雲壓城城欲摧」之際，愛因斯坦拍案而起，毫不留情地站起來揭露這件事背後的陰謀。

一九五三年六月十二日，《紐約時報》上刊登了愛因斯坦的信：

美國知識份子當前面臨的問題很嚴重。反動政客設法通過把公眾的視線轉移到來自國外的威脅上，從而將對一切思想成果的懷疑注入公眾的心中。在獲得成功以後，他們現在又開始壓制教學自由，剝奪一切不服從他們的人的生計，使後者無法生活。

處於少數地位的知識份子應採取什麼辦法來對付這種邪惡行為呢？坦白地說，我想只能是甘地的革命方式，即不合作。被召到委員會面前的每一個知識份子都應拒絕作證！也即準備去坐牢、傾家蕩產，總之，為了他的國家的文化事業而犧牲個人幸福。

……如果足夠多的人願意採取這種重大的步驟，他們就能成功。如果不願意，這個國家的知識份子就只配享有替他們準備好的奴隸待遇了。

這封信引起了美國各界的轟動。麥卡錫立即氣急敗壞地叫嚷說：「……像愛因斯坦這樣的勸告，他本人就是美國的敵人。……任何美國人，我不管他的名字是愛因斯坦還是其他任何人，只要他勸告美國人把關於間諜和破壞行動的情報保密，那這個人就是一個不忠的美國人。」

但是，也有美國人此後就以愛因斯坦的信作為依據，拒絕回答調查局的問題。一九五三年十二月五日，愛因斯坦在接受人權獎時，發表了震驚世界的「人的權利」聲明。聲明說：「我所做的僅僅是這一點——在長時期內，我對社會上那些我認為是非常惡劣的情況公開發表了意見，對它們沉默會使我覺得是在犯同謀罪。」

▲ 愛因斯坦在電臺發表談話

他還說：

今天，當說到人權時，主要是指保護個人免遭他人或政府的任意侵犯，工作和從工作中獲得適當收入的權利，交流和教學的自由，以及個人可以恰當參與政府的工作。儘管這些權利今天得到了理論上的承認，但事實上，它們比以往任何時候都遭到更大的踐踏。一些人透過狡猾地玩弄合法的花招做到了這一點。

但是，有一種人權雖然很少有人提及，但看來必定會變得非常重要，即個人有不參與他認為是錯誤或有害活動的權利和義務……那些具有非凡道德力量和正義感的人們與國家機關發生了衝突。紐倫堡審判中默認如下原則：犯罪行為不能因藉口是在政府命令下做出的而得到寬恕，良心這個判官應在法律的權威之上。

當前這項鬥爭的首要目標不僅僅是研究上和教學上的自由，還有政治信仰上和交流上的自由。由於對共產主義的恐懼而採取的一些做法，使我國遭到世界其他文明國家的嘲笑。我們對那些嗜權如命的政客還能容忍多久？他們力圖製造對共產主義的恐懼氣氛，以便撈取政治上的好處。有時看來，今天的人們已失去幽默感。

一九五四年，愛因斯坦再次抨擊政府對學術自由構成的威脅。他犀利地指出：

當前對學術自由構成威脅的莫過於下列事實：政府藉口所謂的我國所遭受到的外來威脅侵犯、阻礙教學自由、交流的自由、新聞報導及其他通信媒介的自由。政府造成了這樣一種狀況——人們唯恐失去了經濟保障。結果是，越來越多的人不敢自由表達自己的想法，甚至在私下交往中也不敢。這種狀況危及一個民主政府的生存。

一九五三年十二月，「美國原子彈之父」羅伯特·歐本海默因為據說是一個「很差勁的安全人員」，已經被禁止繼續在美國原子能委員會中工作，而且不許再接觸機密文件。這個消息當時沒有公開。歐本海默決定與這種莫須有的罪名進行對抗，對抗的結果就是聞名世界的「歐本海默案件」。

一九五四年四月十一日，星期日的早晨，《紐約先驅論壇報》上登出了一則消息，標題是「麥卡錫的下一個靶子：一流物理學家們」。這指的是歐本海默案件要曝光了。派斯在回憶中談到愛因斯坦知道這一消息後的反應。

四月十一日的晚上，我正在普林斯頓高等研究院中我的辦公室裡工作，電話鈴響了，一位華盛頓的接線員要求和歐本海默博士通話。我回答說歐本海默出門了，不在本市。然後接線員又要找愛因斯坦博士。我告訴她愛因斯坦不在辦公室，而他家中的電話號碼是不外傳的。……接線員隨後告訴我，他們的人想和我說話。電話接通了美聯社華盛頓分社的主任，他告訴我，星期二上午歐本海默案件將在所有的報上登出，他迫切希望儘早地聽到愛因斯坦的議論。我意識到，星期二早晨默瑟街上的大亂可以用今天晚上的簡短談話來避免。因此我就說我會和愛因斯坦討論此事，而且不論結果如何，我都會回電話。

我開車去了默瑟街並按了門鈴，海倫・杜卡斯為我開了門。我對這麼晚來訪表示了歉意，並且說希望和教授說幾句話。這時他已穿著睡衣出現在樓梯口上，並且說：「什麼事？」他下了樓，他的繼女瑪戈特也下來了。在我把來訪的原因告訴他以後，愛因斯坦突然放聲大笑起來。我有點吃驚，並問他什麼事如此可笑。他說這問題很簡單，歐本海默所要做的，只是去華盛頓，告訴官員們說他們都是傻蛋，然後就回家。

經過進一步商討，我們認為一篇簡短發言是有必要的。那篇發言是：「我只能說，我對歐本海默博士抱有最大的敬意和最親切的感情。我讚賞他，不僅把他看成一個科學家，而且看成一個有著偉大人品的人。」我們打好草稿，愛因斯坦就用電話把發言讀給了華盛頓的美聯社主任。

第二天，海倫・杜卡斯正在準備午飯，只見門前來了許多汽車，人們正從車上把攝影機卸下來。她穿著圍裙就跑出門，向正在回家路上的愛因斯坦示警。當他來到前門口時，他拒絕和記者們談話。

一九五四年五月的《原子科學家公報》上刊登了一些傑出科學家對「歐本海默案件」的論述。愛因斯坦只寫了一句話：「有系統而廣泛地破壞相互信任和建立信心的努力，就是對社會盡可能嚴重的打擊。」

這句話，的確可以作為這場悲劇事件的最恰當結尾。

一九五四年十一月八日，愛因斯坦在《記者》雜誌上發表了一個聲明——

你們問我，對於你們那些有關美國科學家處境的文章有什麼意見。我不想分析這個問題，而只想用一句簡短的話來表達我的心情：如果我是個年輕人，並且要決定怎樣去謀生，那麼，我不想做什麼科學家、學者或教師。為了求得在目前的環境下還可得到的那一點點獨立性，我寧願當一個管道工，或者做一個沿街叫賣的小販。

由於愛因斯坦獨特的社會地位，這篇簡短而又帶有幾分嘲諷的聲明，使得一個根本的社會政治問題成了公眾注意的中心。愛因斯坦的聲明在美國知識界產生了強烈影響。

《記者》雜誌說：它感謝愛因斯坦的聲明在公眾中引起震撼，因為這種震撼是必要的。多數報紙由此被迫對知識份子的自由這一個問題開展討論。有趣的是，美國「管道工聯合

▲ 20世紀40年代，愛因斯坦與他的祕書杜卡斯在普林斯頓的家門前

會」因為愛因斯坦「寧願當一個管道工」而授予了他名譽會員的稱號。

也許德國納粹、軍國主義的災難對他帶來了太深、太可怕的影響，他有時對美國的民主力量有些悲觀。他在一九五一年給比利時王后的信中寫道——

親愛的王后：您熱情誠摯的問候使我欣慰之至，並喚醒我對往事美好的回憶。（自上一次見到王室至今的）十八年艱難歲月裡充滿著令人痛苦的失望，但已逝若流水。所有慰藉與歡樂來自那些為數不多卻依然勇往直前、坦誠正直的人們，正是有了這些人，人們才不感到自己是這個世界上舉目無親的他鄉客。您就是這樣一位給人以慰藉和歡樂的人。

雖然付出巨大代價後，終於證明德國人是能夠被打敗的，但是那些美國人卻氣勢洶洶地取代了他們。誰能使他們恢復理性？數年前德國的禍害，如今又在重演，人民不加以抵制地默認，與邪惡的勢力同流合污。誰都袖手旁觀，束手無策。

對此，一位作者寫道：「最後一句話，愛因斯坦還是說錯了。因為麥卡錫受到了公開譴責，罪有應得，民主依然光大，生機勃勃。作為一個非本土美國人，他性情太急，低估了美國的民主。」

但是，美國人民應該永遠記住愛因斯坦的警告，否則喪失民主也不是不可能的。

一第二十章一

生命的終結

E=mc

Albert Einstein

關於愛因斯坦的生命中最後十年的日常生活，他的祕書杜卡斯在一封信中做了生動有趣的描述，她寫道：

愛因斯坦的思緒一直到他生命的最後階段仍然十分活躍、極其機敏。然而，在這最後十年裡，他的年齡、健康狀況、研究物理學永無休止的動力以及許多與科學無關的牽扯，都使他需要謹慎地利用自己的精力和時間。他盡力使日常活動簡單化。愛因斯坦通常九點鐘左右下樓吃早飯，然後讀晨報。十點半左右他步行去高等研究院，在研究院待到下午一點，然後步行回家。我知道有一次，一個司機忽然認出了這個沿街步行的老人，看到他面龐消瘦，一頂黑色毛線帽緊緊地戴在他長長的白髮上，司機驚愕之際，竟將車撞到一棵樹上。愛因斯坦常常在午飯後到床上躺幾個小時，然後喝杯茶，做一會兒工作，處理一下信件，或接待來客，討論一些非個人事務。他在六點半到七點半之間吃晚飯。然後他繼續工作，或聽收音機（他家裡沒有電視機），或偶然接待一下朋友。按照慣例，他在十一點到十二點之間就寢。每到星期日的中午，他都收聽史密斯的新聞分析廣播。在這一小時內，他從不邀請客人。星期日下午他常常散步，或乘坐某位朋友的小汽車兜風。他很少去看戲或聽音樂會，幾乎不看電影。有時候，他到帕爾默實驗室的物理研究生班去，我在前面提到過，這使大家肅然起敬。在最後幾年中，他不再拉提琴，但每天都即興彈奏鋼琴。他也不用他那可愛的菸斗吸菸了。

在愛因斯坦的晚年生活中，我們不能不提到他與哥德爾的交往。他們兩人都在中歐長大，並在那裡做出了自己最傑出的成就。他們都使用德語作為第一語言。他們在一九三三年秋天相識，那年哥德爾到美國講學、訪問。一九四〇年哥德爾定居於普林斯頓，一九四二年他開始和愛因斯坦頻繁交往，直到一九五五年愛因斯坦去世為止。愛因斯坦的一位朋友摩爾根斯頓在一封信中寫道：「愛因斯坦常常告訴我，他晚年不斷找哥德爾作伴，為的是跟哥德爾討論。有一回他對我說，他自己的工作不再有多大意思了，他還來研究院無非是要『享受一下與哥德爾一起散步回家的特權』。」

愛因斯坦的助手史特勞斯回憶說——

說起普林斯頓時期的愛因斯坦，要是不提他跟庫爾特・哥德爾真正熱誠、十分親密的友誼的話，那就沒有一個故事配叫完整的。他們是很不相似的人，可是，出於某種緣故，彼此知心得不得了，彼此賞識得了不得。愛因斯坦常常提起，他總覺得他沒當數學家是對的，因為，數學裡頭有那麼大一堆有趣而誘人的問題，你可能在還沒弄清楚什麼是真正重要東西的時候，就已經迷了路。在物理學中，他能夠看出什麼是重要問題，能夠憑剛強的性格和毅力窮追下去。可是，有一回他告訴我：「自從我碰到了哥德爾，我才知道數學也是這麼一回事。」……有一次……他說：「你知道嗎？哥德爾真正瘋到底了。」我說：「唔，他能做出什麼糟糕事呢？」愛因斯坦說：「他投了艾森豪一票。」

哥德爾在向他的母親寫信時提到：「我幾乎天天見到愛因斯坦」。一九四八年七月十二日他在信中寫道：「我幾乎天天見到愛因斯坦，按他的歲數，他算是很壯實的。誰也看不出他已經快七十歲了，他自己彷彿覺得他的健康毫無問題。」

一九四八年底，愛因斯坦動了手術。一九四九年二月二十六日，哥德爾在信中寫道：「我在愛因斯坦術後四週去探望過他。除了臉色比平日蒼白，沒有什麼不好的地方。當時他即將去佛羅里達，想必在那裡他會明顯康復。」二月二十八日他寫道：「我照常幾乎天天跟愛因斯坦在一塊。自從做了手術，他這一陣子顯得格外好，又活躍得不得了。」

據哥德爾自己說，他們的談話涉及物理學、哲學和政治等等，但他很少向人們談起他們談話的內容。有意思的是，一九五一年三月十四日，愛因斯坦本人把「愛因斯坦獎」授予哥德爾和物理學家施溫格（一九六五年獲諾貝爾物理學獎）時，愛因斯坦對施溫格說：「您當然應該得到它。」對哥

▲ 1951年3月14日，愛因斯坦向哥德爾、施溫格授予「愛因斯坦獎」

德爾說：「您不需要它。」

一九四七年以後，愛因斯坦的身體就一直不好，一九四七年一月二十七日，他寫信給薛丁格說：「我變得越來越虛弱，看起來像個幽靈……經過正確的飲食調養，四週時間後我恢復了許多，長了十五磅，終於有點人樣子了，虛弱感也消失了。魔鬼又一次暫緩了我的死刑。」

到一九四八年的秋天，他的上腹部常常疼痛，而且伴隨嘔吐。醫生診斷的結果是他的腹部有一個不大的腫塊，只有葡萄那麼大。外科醫生建議開刀做一次檢查，愛因斯坦同意了。十二月三十一日上午八時，愛因斯坦在紐約布魯克林一家猶太醫院做了手術，結果醫生在打開腹部後，發現其腹大動脈上有一個動脈瘤。如果是在今天，醫生會有絕對的把握摘除它，然而那時沒有這樣成熟的手術，加上其他的原因，最終沒有做摘除術。

一九四九年一月十三日，他回到了默瑟街一一二號的家中。家中有他的妹妹瑪雅、繼女瑪戈特和祕書杜卡斯。他的生活由杜卡斯照料。後來，愛因斯坦由人陪同，到佛羅里達去進行了幾個星期的療養。

三月十四日，是愛因斯坦七十壽辰的日子，他請祕書向媒體宣告：「愛因斯坦博士今天不做任何慶祝活動。」

三月十九日，普林斯頓大學帕爾默實驗室為愛因斯坦舉行了座談會。三百多位科學家在普林斯頓聚集一堂，舉行「愛因斯坦對當代科學的貢獻」專題討論會。與會者之一、諾貝爾物理學獎獲得者、哥倫比亞大學的伊西多・拉比教授說：

為愛因斯坦七十壽辰舉行如此盛大的慶祝活動是整個科學史上絕無僅有的，因為誰能對科學做出像他那樣大的貢獻呢？……在他生前身後，又有誰能像他那樣深入地探尋空間、時間和因果性這些最直覺性的概念呢？任何人都不曾為人類帶來過如此之多的新知識和新理解……

也正是在愛因斯坦七十壽辰之際，《在世哲學家文庫》出版了論文集《阿爾伯特・愛因斯坦：哲人科學家》，收錄了二十五篇論述他科學工作的論文。這本文集中有一篇愛因斯坦本人所寫的〈自述〉。他在這篇文章中概述了他科學工作的發展過程，對他的青少年生活做了十分有趣的描述，本書也先後引用過不少該文的內容。

派斯後來回憶過這次座談會。愛因斯坦走進會場以前，三百多名科學家已經落座了，彼此間低聲交談或打招呼。忽然，會場寂靜得連針落地都可以聽見——原來是愛因斯坦走進了會場，寂靜是由於高度崇敬這位科學偉人而自發出現的，接著人們向他歡呼。派斯當時受到極大的震撼。他體會到大家對愛因斯坦的某種敬畏感。包立，這位語言最尖刻的「上帝的鞭子」，當時也在場，他同樣很受震撼。

一九四九年五月二十八日，愛因斯坦在給索洛文的信中，對自己做了這樣的總結：

我感到在我的工作中，沒有任何一個概念會很牢靠地站得住，我也不能肯定我所走的道路是普遍正確的。當代人把我看成是一個邪教徒而同時又是一個反動派。我活得太長了，而真止的愛因斯坦早已死了。所有這些都只是短見而已，但是確實有一種不滿足的心情發自我的內心，這種心情是很自然的——只要一個人是誠實的，是有批判精神的。幽默感和謙虛經常使我們保持一種平衡，即使受到外界的影響也是如此……

世間最美好的東西，莫過於有幾個頭腦和心地都很正直的真正朋友，朋友之間相互瞭解，正如我們兩人一樣。

在普林斯頓，愛因斯坦和與他同住的妹妹瑪雅一直生活得十分愉快、和諧。但是，當她一九四六年想到歐洲與她的丈夫相聚時，卻不幸中了風，後來完全臥床不起，健康狀況越來越糟。在她生命的最後幾年，愛因斯坦幾乎每天晚上都為她讀過去她喜愛的書。一九五一年六月二十五日，瑪雅去世了。愛因斯坦非常傷心。在瑪雅去世前三年，一九四八年八月四日，米列娃在蘇黎世去世。米列娃除了自己病痛不斷，二兒子愛德華的精神分裂症也使她痛苦不堪，有時幾乎超越了她的忍受能力。愛德華一直住在蘇黎世的柏格爾茲利精神病醫院，一九六五年他死於這所醫院，比他父親多活了十年。

在普林斯頓高等研究院裡，自從歐本海默在一九四六年秋天擔任院長以後，似乎更沒有人注意愛因斯坦了，因為新院長和他帶來的一幫年輕人都是作量子力學研究的，因而他們大都不太關注愛因斯坦在研究什麼，雖然他們對他都十分敬畏。不過，令年輕人十分吃驚的是，愛因斯坦在談話中常常把自己比喻成上帝，例如「上帝不喜歡擲骰子」，「為上帝遺憾」，等等。

一九四九年十二月二十七日，《紐約時報》再一次報導愛因斯坦關於統一場論的新進展，標題是〈新的愛因斯坦理論把握了宇宙的真諦〉。愛因斯坦似乎又對這個新理論充滿了信心，一九五〇年二月他曾對一位報界人士說，他的新理論「使他得到的滿足，與他當年剛做出相對論所得到的滿足相似」。這句話在二月十五日的《紐約時報》上刊登了。

但是過了三年，在一九五三年三月三十日的《紐約時報》上，愛因斯坦又宣稱：「我的一九五〇年的新概念出現了一個有待解決的嚴重困難……理論中的這最後一步已經在最近幾個月跨過。」派斯對這「最後一步」發表了沉重的感想，他說：「就我所知，愛因斯坦的理論成為報紙上的標題，這是最後一次。我發現，在第二次世界大戰以後，愛因斯坦關於他的研究的這一最後陳述是讓人傷心的，因為它沒有什麼價值。」一位年輕的未來天才蓋爾曼甚至很不恭敬地說：「愛因斯坦是一個愚蠢的拒絕接受量子理論又頭髮蓬亂的老人。」

「俱往矣，數風流人物，還看今朝！」

在愛因斯坦晚年，有一件事也是值得人們注意的，那就是他一直不肯原諒德國在二戰中犯下的罪行。一九四八年二月八日，德國馬克斯・普朗克科學促進學會正式成立，取代了戰前的威廉皇帝學會，哈恩被選為首任主席。哈恩就任學會主席以後，寫了一封信給愛因斯坦，希望愛因斯坦能成為學會的「國外會員」，並表示如蒙應允，將不勝榮幸之至云云。

愛因斯坦於一九四九年一月二十八日回了一封讓哈恩大失所望的信。愛因斯坦在信中寫道：

使我感到痛苦的是，我必須對您說「不」，在那些罪惡的年代裡，您是仍然保持正直不阿並且盡了自己能及之力的少數人之一，可是我還是不得不對您這樣說。德國人的罪惡，真是記載在所謂文明國家歷史中，最令人深惡痛絕的罪惡。德國知識份子——作為一個集體來看——他們的行為並不見得比暴徒好多少。而且甚至到現在，我還看不出他們有任何悔改的表現，也看不出他們有真正想彌補大屠殺後果的任何願望。鑑於這些情況，對於參加代表德國公共生活的無論哪一種活動，我都感到無可抑制的厭惡。我確信您會瞭解我的立場，並且會明白這件事與我始終享有我們之間的私人關係毫不相干。

哈恩也許不知道，索末菲在八年前也碰過同樣的釘子。索末菲曾希望愛因斯坦恢復與巴伐利亞科學院的交往，愛因斯坦在一九四〇年十二月十四日回信給索末菲說：

自從德國人在歐洲到處屠殺我的猶太同胞以後，我就再也不願意與德國人一起工作了，也不願意與比較無辜的科學院發生關係。但少數人例外，他們在可能範圍內仍然保持堅定的反納粹的態度。得知您在這些人之中，我很高興。

思鄉，本是每一個人都有的本能，但愛因斯坦因為不原諒納粹和「德國人的罪惡」，不僅從此再未踏上德國國土一步，而且不願和任何與德國有關的機構發生任何關聯，他甚至不准德國的出版社再出版他的書。當德國一家出版社準備再版他的《狹義與廣義相對論淺說》一書時，他於一九四七年三月二十五日通知該出版社說：

自從德國人對我的猶太同胞進行大規模屠殺後，我不希望我的任何出版物再在德國出現。

一九五三年九月二十一日，哥德爾在給他媽媽的信中高興地寫道：「愛因斯坦很好，今年夏天他覺得尤其好。但無論如何，現在到研究院的那段路來去都步行，他是吃不消的，那總共要花一小時左右，所以他現在改為只步行一趟。」

但是過了一年，到一九五四年秋天，愛因斯坦又病倒了，有好幾個星期他都臥床不起。到這年的年底，他感覺好了一點。

一九五四年十二月，派斯離開普林斯頓，最後一次見到愛因斯坦，他曾生動回憶向愛因斯坦告別的情形：

我最後一次看見愛因斯坦是在一九五四年十二月。那時候，他的身體已經不太好，有好幾個星期沒有到研究院去了。以往，愛因斯坦每天上午總要在研究院待上幾個小時。我拜訪了海倫·杜卡斯，請她向愛因斯坦教授轉達我的問候，因為我要離開普林斯頓一學期。她建議我到家裡來小坐片刻，喝杯茶。我當然很樂意地接受了。我進門以後就上樓去，敲了敲愛因斯坦書房的門。「進來。」這是他那溫和的聲音。我進屋時，他坐在扶手椅裡，毯子裹著膝蓋，毯子上面放著一個本子——他在工作！他看見我，便立即把本子放在一旁，向我問候。我們在一起愉快地度過了大約半小時。我已經記不起討論了些什麼。然後，我告訴他，我下學期將離開普林斯頓。我們握了握手，然後我說了聲再見，走到書房門口，這只不過四五步遠。可是當我打開門轉過身來看他的時候，只見本子又回到他的腿上，他手裡拿著鉛筆，忘記了周圍的一切。他又坐在椅子裡開始工作了。

到一九五五年年初，愛因斯坦又恢復正常工作。

一九五五年一月二日，他寫信給比利時王后，感謝她的問候。電報中寫道：

當我注視今天的人類時，沒有什麼能比人類對政治事件的健忘症更讓我吃驚的了。昨天還是紐倫堡審判，今天卻已是在竭盡全力重新武裝德國……

二月五日，他寫了一封信給一位英國朋友，信中說：

上了歲數以後，死就是一種解脫。既然我已居耄耋之年，我非常強烈地感受到了這一點，並且逐漸把死看作是一筆終將還清的債務。

二月二十七日，他寫了一封信給好友索洛文：

醫療技術使我戰勝了疾病。我的身體功能基本上正常，只是大腦變得越來越遲鈍了。我們必須承認，魔鬼正在清楚地計算著時間。

三月二日，愛因斯坦寫了一封信給波耳，信的開頭十分風趣，很難看出這是一個正在死亡邊緣掙扎的人。信中寫道：

不要皺眉頭！這封信與我們過去的物理論戰無關，而與我們想法完全一致的一件事有關。羅素最近寫給我一封信，現隨信附上該信的附件，他在設法召集一些有國際名望的學者，他們將聯合向所有國家和政府發表一項聲明，對原子武器和軍備競賽造成的危急形勢發出警告。

三月十一日，在他七十六歲生日的前三天，他給比利時王后寄去了最後一封信，信中談到人們對他的評價，他寫道：「我必須承認，我為人們對我一生的工作做出誇大評價感到不安。我感到不得不把自己看成是一個不自覺的騙子。倘若人們這樣做，只會把事情弄糟。」

三月十八日，愛因斯坦在遺囑上簽了字，指定祕書杜卡斯和柏林時期的朋友南森為他的遺囑執行人，他所有的手稿在杜卡斯和南森去世後，統統由希伯來大學保管；他的書全部送給杜卡斯；小提琴送給孫子凱澤。

第二天，愛因斯坦回了一封信給勞厄，勞厄是愛因斯坦真正親近的少數幾個德國物理學家。他在信中最後一次談到自己和原子彈製造的關係：

我在原子彈製造和寫信給羅斯福等事上的所作所為僅僅在於：由於當時存在著希特勒可能首

先擁有原子彈的危險，我在西拉德起草給羅斯福總統的信上簽了名。倘若我知道這種擔心是沒道理的，我本不會參與打開這個潘朵拉的盒子的，因為我對政府的不信任不僅僅限於德國政府。

四月五日，羅素寫了最後一封信給愛因斯坦，把一份聲明寄給愛因斯坦簽字。愛因斯坦在四月十一日寫了回信。

兩天後的四月十三日下午，愛因斯坦的動脈瘤破裂。醫生建議做手術，愛因斯坦拒絕手術，他說：「當我將要死去的時候，就讓我死去好了。人工延長的生命是毫無意義的。」

四月十五日，人們不得不將他送進普林斯頓醫院。他的大兒子漢斯從加州大學柏克萊分校趕來，南森也從紐約趕來。

四月十七日是星期天，他的狀況好轉了一點。他要求把他關於統一場論中一項還沒有完成計算的稿紙拿來，他想繼續算下去；還讓人們把一篇為以色列同胞演講的演講稿拿來，他要完成它……四月十八日凌晨一點十五分，他突然變得煩躁不安，講了幾句德語，但值夜班的護士不懂，然後他就去世了。眼鏡還放在他的枕邊。

正如他對比利時王后所說，科學研究的「令

▲ 1951年生日時，伸出舌頭的愛因斯坦，這張大約是他最經典的一張照片

人痴迷的魔力」，一直持續到他生命最後的時刻。就這一點來說，愛因斯坦是何等的幸福啊！

在愛因斯坦生命快終結的四月十日，哥德爾在信中告訴媽媽：「愛因斯坦仍然還好。」但四月十八日，愛因斯坦去世了。四月二十五日，哥德爾在信中心情沉重地寫道：

愛因斯坦的死對於我當然是一個大打擊，因為我根本沒料到。最後那幾個星期，愛因斯坦恰恰給人健壯極了的印象。他和我用半小時往研究院走、用半小時往回走的時候，一點沒有像先前好幾回那樣顯出疲倦的跡象。確實，從純私人角度說，由於他的死，我也失去了很多，尤其因為最後那些日子裡他待我比先前任何時候還要好，我感覺到他想比以往更友善。無可否認，在私人問題上，他有非常多的話憋在自己心裡。

四月十八日下午，幾位親密朋友和親人聚集火葬場，舉行了一個極為簡單的追悼會。南森做了簡短的談話，並且朗誦了歌德在席勒去世時為他寫的悼詩《〈席勒大鐘歌〉跋》的結尾幾句：

他就這樣，離開我們去了！
就在好多年前，已經有十年。
我們大家都感到獲益不少，
世人感激他賜予的一切教言；
那些只屬於他自己的思考，

早已在全體之中擴展蔓延。
他照耀我們，就像消逝的彗星，
以自己的光結合永久的光明。

按照愛因斯坦的遺願，他的骨灰被撒在了一個沒有向外界透露的地方。

愛因斯坦曾經說過：「上帝是微妙的，但上帝沒有惡意。」

的確，上帝是微妙的，誰想獲得他的奧祕必須付出極大的代價；但上帝的確沒有惡意，對於像愛因斯坦這樣「痴迷」的人，他很寬容：讓愛因斯坦越過他的肩膀，窺見了他身後的一些祕密。

成功講座 383

愛因斯坦傳
想像力比知識更重要

海鴿文化出版圖書有限公司
Seadove Publishing Company Ltd.

作者　楊建鄴
美術構成　騾賴耙工作室
封面設計　九角文化設計
發行人　羅清維
企畫執行　林義傑、張緯倫
責任行政　陳淑貞

出版　海鴿文化出版圖書有限公司
出版登記　行政院新聞局局版北市業字第780號
發行部　台北市信義區林口街54-4號1樓
電話　02-27273008
傳真　02-27270603
e - mail　seadove.book@msa.hinet.net

總經銷　創智文化有限公司
住址　新北市土城區忠承路89號6樓
電話　02-22683489
傳真　02-22696560
網址　www.booknews.com.tw

香港總經銷　和平圖書有限公司
住址　香港柴灣嘉業街12號百樂門大廈17樓
電話　（852）2804-6687
傳真　（852）2804-6409

CVS總代理　美璟文化有限公司
電話　02-27239968　e - mail：net@uth.com.tw

出版日期　2022年07月01日　一版一刷

定價　360元
郵政劃撥　18989626　戶名：海鴿文化出版圖書有限公司

國家圖書館出版品預行編目資料

愛因斯坦傳：想像力比知識更重要／楊建鄴作.--
一版，--臺北市 ： 海鴿文化，2022.07
面 ；　公分. －－（成功講座；383）
ISBN 978-986-392-457-9（平裝）

1. 愛因斯坦(Einstein, Albert, 1879-1955) 2. 傳記 3. 美國

785.28　　111008176